우리 아이
있는 그대로
존중하려면

우리 아이 있는 그대로
존중하려면

1판 1쇄 인쇄 2022. 1. 3
1판 1쇄 발행 2022. 1. 10
지은이 윤순경
일러스트 정진염
발행인 강미선
편집 강미선, 최미소 **디자인** ARIA
발행처 선스토리
주소 서울시 마포구 월드컵북로 400, 5층 1호
등록 2019년 10월 29일 (제2019-000168호)
전화 02)6956-2427
ISBN 979-11-973088-3-3 13370

·값은 뒤표지에 있습니다.
·독자투고 이메일 sunstory2020@naver.com
·매일 어김없이 떠올라 세상을 비추는 해처럼 하고 이로운 이야기를 꾸준히 전합니다.

우리 아이
있는 그대로
존중하려면

윤순경 지음

선스토리

비판적 사고의 세상으로
들어가기 전에

"네 교육 방식이 이제 빛을 발하는구나. 네가 원하는 주체적인 아이로 자라서 뿌듯하겠다."

얼마 전 지인이 나와 통화하며 한 말이다. 언뜻 보면 내가 아이를 영재나 최상위 성적을 받는 아이로 키운 것처럼 오해할 수 있다. 하지만 나는 아이가 영재인지 아닌지에 관심이 전혀 없다. 아이에게 성적을 잘 받아야 한다고 말해본 적도 없다. 다른 부모들이 자신의 관점에 기초하여 아이를 키우듯, 나도 내 관점에 따라 아이를 대할 따름이다.

나는 대학에서 배움 중심, 관계 중심의 수업을 제공하는 교육학 박사이다. 나를 소개할 때 교육학 전공자라고 말하면 어떤 이들은 "자녀교육을 엄청 잘하시겠네요"라고 말한다. 나는 빙그레 웃어 보일 뿐이다.

자녀가 어디 부모가 원하는 대로 순순히 따라주는 존재인가? 남은 가르쳐도 자기 자식은 가르치지 못한다는 말도 있지 않은가? 더구나 부모의 능력이 자녀에게 유전되는 것도 아니다. 무엇보다 많은 사람이 말하는 성공한 자녀교육은 학교 성적이 우수하거나 유명 대학에 진학하는 것을 의미하는데 나는 그것에 큰 가치를 부여하지 않는다.

만병통치약 같은 부모교육은 없다

최근 들어 우리 사회에서 '부모교육'이라는 단어가 종종 회자되고 있다. 인권이 강조되고 시민의식이 높아지고 있음을 보여주는 사례라는 생각에 이런 현상이 무척 반갑다. 과거에는 부모가 자녀를 낳는 순간부터 이미 좋은 부모로서 준비가 되어 있는 것처럼 생각했다. 그래서 자녀를 어떻게 대하든 전적으로 부모의 권한이었고 타인이나 심지어 경찰도 개입할 수 없었다. 자녀를 위해 무조건 희생하며 다른 부모처럼 잘해주지 못하면 한없이 미안한 마음을 갖기도 했다. 자녀를 초중고 학교에 보내는 이유도 한 사람의 시민으로서 삶을 주체적으로 살아가도록 돕기 위해서라기보다, 우수한 성적으로 유명 대학에 가고 돈을 잘 벌 수 있는 직장에 보내기 위해서였다.

지금도 곁에서 보면 이런 풍조가 과거와 크게 달라지지 않았는지 모른다. 그런데 조금만 더 자세히 들여다보면 사회 곳곳에서 기존과 다른 부모 역할을 소개하고 각자의 경험을 공유하며 변화를 일으키는 모습을 볼 수 있다. 이 책 또한 그와 같이 새로운 부모교육의 사례로써 독자들에게 공감을 얻고 나아가 독자들의 삶에 도움이 되면 좋겠다.

나는 부모교육에 누구나 따라야 할 정해진 이론이 있거나 만병통치약 같은 해법이 존재한다고 생각하지 않는다. 자녀가 태어나서 어른이 되기까지 다양한 경험들을 하며 성장통을 겪듯이 부모도 자녀를 키우며 비슷한 과정을 겪는다고 생각한다. 사람을 대하는 일은 실험실에서 일어나는 과학 현상과는 다르다. 언제나 예측 불허의 순간이 있고 마음먹은 대로 되지 않는 경우가 부지기수다. 그렇기에 자녀를 키우는 일은 둘 이상을 키워도 언제나 새롭다. 결코 책으로만 배울 수 없다.

교육학 지식을 부모와 자녀 간의 문제를 해결하는 데 쓰려면 지식 자체에 매몰되면 안 된다. 스스로 지식을 곱씹어보고 자신의 삶에 비추어보며 실천하고 성찰하는 과정이 필요하다. 교육학 지식을 알든 모르든 부모가 자녀의 이야기에 공감하며 지속적으로 대화를 시도하면 가정이 한층 화목해질 수 있다.

그 어떤 지식도 좋은 부모를 보장하지 않는다. 부모로서 자신이 어떤 사람인지 고민하고 자신에게 존재하는 모순점을 그대로 인정하고 고치고자 노력하는 용기가 필요하다. 부모가 달라져야 자녀와의 관계도 달라지고 자녀도 달라진다. 부모나 예비 부모들이 이 책을 통해 자신을 되돌아보는 기회를 갖길 바란다.

삶의 모든 것이 학습이다

내가 삶에서 배움과 관계를 중요하게 생각하는 이유는 삶의 모든 것이 학습이라고 여기는 사회문화관점 때문이다. 사람과 사람이 만나 관계를 맺는 순간부터 우리는 무언가를 자연스럽게 배운다. 다양한 실천공동체를 넘나들면서 여러 유형의 인간관계로부터 배운 내용들은 언제나 우리가 살아가는 데 크고 작은 도움이 된다. 그런 점에서 학교교육이 지식을 강조하고 평가하는 부분은 늘 안타깝다. 지식 자체가 좋은 사람을 보장하지 않기 때문이다.

우리 모두 잘 알면서도 부모가 되어 자녀를 키우는 순간부터 '배움'이란 단어를 내려놓고 '지식'이라는 단어를 움켜쥔다. 나는 사랑하는 내 아이의 미래를 위해 '배움'이라는 단어를 손에서 단 한 번도 내려놓지 않았다. 내 아이는 어릴 때 엄마가 점수에 연연해하지 않아서 마냥 좋아만 했다. 철이 들고 고등학생이 되면서 배움 중심의 철학을 지켜준 나에게 고마워했다. 우리나라 현실에서 사교육 없이 자식의 능력을 그대로 존중하고 이해한 엄마가 경쟁과 서열 중심의 사회 분위기에 휩쓸리지 않고자 그동안 얼마나 애썼는지 조금씩 깨달은 것이다.

세상에 쉬운 일은 없다. 부모로서 아이의 주체적인 삶을 위해 할 수 있는 일은 성적을 위해 아이를 다그치는 게 아니라 내 관점을 단단하게 뿌리내리기 위해 계속 노력하는 것이다. 부모인 지인들은 대체로 나와 다른 관점에 서 있다. 그들은 아이의 인생을 망치지 말라면서, 사교육을 시키고 성적 관리에 신경 쓰라고 조언해준다. 그럴 때마다 사방이 벽으로 막힌 공간에 갇힌 듯 답답하고 홀로 서 있는 것 같아 외롭다. 그러다 수업에서 만난 학생들이 배움 중심 수업의 의미를 깨닫고, 나중에 자녀가 생기면 나처럼 자녀를 대하고 싶다는 말을 건넬 때면 힘과 용기가 생긴다. 페이스북에서도 나와 같은 관점을 가진 분들의 글을 보면 만나본 적은 없지만 동료애가 생기고 기분이 좋아진다. 우리 사회 곳곳에서 배움 중심 교육을 자녀에게 실천하고자 고군분투하는 부모들이 이 책을 통해 연대감을 느끼고 위안을 얻길 바란다.

비판적 사고는 아이를 더 자유롭고 주체적으로 만든다

누군가 내게 아이가 단 하나의 능력만 가질 수 있다면 어떤 능력을 바라는지 묻는다면 나는 주저 없이 '비판적 사고'라고 말할 것이다. 비판적 사고는 당연하다고 생각되는 것에 대해 과연 당연한 것이 맞는지 다시 한번 되짚어보는 사고다. 우리가 사는 세상은 결코 중립적이지 않다. 세상에 존재하는 수많은 것에는 가치가 부여되는데, 그 가치는 언제나 특정 집단의 기준이나 시선을 담고 있다.

나는 아이가 누군가의 입김에 휘둘리는 것을 원치 않는다. 심지어 부모인 내 의견도 아이가 무조건 받아들이지 않고 의견을 곱씹어보고 필요하다면 나와 논쟁하길 바란다. 비판적 사고는 성인이 되었다고 저절로 생기는 능력이 아니다. 어릴 때부터 편향적인 생각에 익숙해지면 하나의 고정관념으로 자리 잡고 성인이 되어서 무엇이 문제인지조차 깨닫기 어렵게 된다.

부모가 비판적 사고로 세상을 보면 자연스럽게 자녀에게도 비판적 사고의 경험을 제공한다. 비판적 사고로 세상을 들여다보면 우리가 가진 고정관념이 얼마나 많은지 알 수 있다. 나는 아이가 비판적 사고를 통해 사회에 만연한 타인에 대한 차별·배제·소외 들을 경계하며 타인을 진심으로 존중하고 이해하길 바란다. 무엇보다 아이 스스로 타인과 사회의 차별이 담긴 시선으로부터 자유롭고 주체적인 삶을 살아가길 원한다.

배움 중심 교육, 사람 중심 교육은 가정에서부터

이 책은 총 3부로 구성되었다. 1부는 '좋은 부모'란 무엇인지에 대해 새로운 관점에서 생각해볼 주제들이다. 부모 역할에 대한 고정관념과 편견을 깨뜨리고 지식이 아닌 배움 중심 교육이란 무엇인지, 그동안 생각하지 못했던 관점을 새롭게 깨닫도록 이끌어줄 것이다. 2부는 나와 아이가 속한 사회와 교육을 비판적으로 바라보는 시각을 제시했다. 세상에 당연한 일은 없다. 우리 모두 비판적 사고를 가진다면 보다 나은 세상과 교육을 위해 자신이 할 수 있는 실천을 삶에서 하나씩 수행할 수 있을 것이다. 3부는 있는 그대로 아이를 존중해 주체적인 삶을 살도록 돕는 방법을 제시했다. 부모가 아이 삶을 대신 살아줄 수는 없다. 매사에 잘하라고 다그치며 불안해하지 말고 아이를 믿고 기다려주자. 아이가 주체적으로 성장해 삶의 주인공이 되는 모습을 지켜볼 수 있길 바란다.

이 책은 부모로서 자신의 삶을 주체적으로 살아나가고자 노력하고 있는 한 인간이 자녀와 건강한 관계를 맺으며, 자녀를 비판적 사고의 세상으로 안내하는 경험을 진솔하게 공유하는 글이다.

나는 오늘도 지식 대신 배움 중심 교육을 삶에서 실천하려 노력한다. 무엇보다 사람이 가장 소중하다는 것을 매 순간 인지하며 아이와 함께 성장하고 있다. 배움 중심 교육, 사람 중심 교육이 가정에서부터 실천되길 간절히 소망한다.

2부 비판적 사고로 세상과 교육을 바라보기

3부 우리 아이 있는 그대로 존중하려면

1부

좋은 부모란
어떤 모습일까

완전한 사람이 없듯이
완전한 부모도 없다

"제가 아이 키울 때도 부모교육이 있었다면 얼마나 좋았을까요?"

대학원 수업에서 학생으로 만난 한 분이 만감이 교차하는 표정으로 수업 시간에 말했다. 그분이 20여 년 전 아이를 키울 때만 해도 '부모교육'이라는 단어는 어디에서도 들을 수 없었다고 한다. 그분만 그러할까? 최근 들어서야 우리 사회가 부모교육에 많은 관심을 보이고, 다양한 미디어와 교육 기관에서 부모교육 관련 프로그램들이 많이 생겨나고 있다.

흔히 우리는 아이를 낳으면 저절로 좋은 부모가 될 거라고 생각한다. 하지만 '좋은' 부모에 대해 생각하기 전에 부모가 모두 동일한 모습이 아님을 생각해보면 좋겠다. 자녀와 스스럼없이 대화하고 신체적으로 부대끼는 친구 같은 부모가 있는가 하면, 엄격할 때와 부드러울 때를 구분해 자녀를 대하는 부모도 있다. 자녀에게 애정을 자주 표현하는 부모도 있고 사랑하는 마음은 가득하지만 표현하지 않는 부모도 있다. 부부가 함께 의사결정을 하고 계획을 세워 자녀를 갖기도 하지만 예기치 못한 상황에서 자녀가 생기는 부부도 많다. 부부가 함께 자녀를 키우는가 하면, 이혼 후 혼자 키우기도 하고 재혼하여 새롭게 가족을 구성하면서 키우기도 한다. 국제화 시대인 요즘, 한국인 부모만 존재하는 것이 아니라 한국인과 외국인 부모도 존재한다. 장애를 가진 부모가 비장애 자녀를 키우는 경우도 있고 반대로 비장애를 가진 부모가 장애를 가진 자녀를 키우는 경우도 있다. 부모가 직접 출산하여 자녀를 키우는가 하면, 마음으로 낳아 키우는 부모도 점점 많아지고 있다. 우리나라는 아직 동성애 결혼을 합법화하지 않았지만 해외 사례를 보면 이성 부모뿐만 아니라 동성 부모도 존재한다.

이처럼 부모의 유형은 천차만별이지만 공통점이 있다. 첫 아이와 만난 순간부터 부모 역할을 생애 처음으로 하게 된다는 것이다.

무엇이든 처음 하는 일은 긴장되고 서툴고 실수투성이다. 경험이 없으니 어찌 보면 당연한 일이다. 나는 3.1kg밖에 안 되는 아이를 처음으로 목욕시켜야 하는 상황에서 어찌할 줄 몰라 안절부절했던 기억을 잊을 수 없다. 첫 기저귀를 갈아야 할 때, 첫 분유병을 물릴 때, 첫 트림을 시킬 때, 배냇저고리 대신 첫 옷을 입혀 줄 때에도 나는 언제나 긴장했다. 일종의 단순노동에 해당하는 이런 일들은 시간이 지나면서 다행히 언제 긴장했냐는 듯이 곧 익숙해졌다.

신생아를 먹이고 입히고 씻기는 일에 대한 서투름은 사라졌지만 또 다른 서투름이 나를 찾아왔다. 이 아이를 어떻게 키워야 할까? 나는 어떤 부모가 되고 싶은 걸까? 아이와 나는 어떤 관계일까? 이 아이는 커서 어떤 사람이 될까? 나는 아이가 커서 어떤 사람이 되길 바라는 걸까?

이런 질문이 꼬리에 꼬리를 물면서 오묘한 기분이 들었다. 당시 나는 박사과정에서 교육학을 공부하고 있었는데도 정작 부모가 될 나의 모습에 대해서는 아무런 고민을 하지 않았음을 깨달았다. 이렇게 아무런 준비 없이 부모가 되어버리는 것이구나 느꼈다.

내가 생각하는 좋은 부모란

자녀를 키우는 사람이라면 누구나 좋은 부모가 되고 싶어 한다. 어떤 부모가 좋은 부모일까? 모두가 공감하고 동의하는 좋은 부모란 존재하지 않는다. 교육열이 높은 우리나라에서 좋은 부모란 일반적으로 자녀의 교육을 위해 헌신하는 부모를 의미한다. '맹모삼천지교'를 마음에 새기며 자녀의 교육을 위해서라면 자신의 삶을 포기하거나 희생하는 것이 당연하다고 생각한다. 자녀가 공부를 잘하거나 소위 말하는 명문대에 진학하면 부모로서 역할을 다했다고 여기며 뿌듯해하기도 한다. 하지만 성적 지상주의를 추구하는 부모의 역할이 과연 우리가 진정으로 원하는 좋은 부모의 모습일까?

내가 생각하는 좋은 부모란 자녀가 시민으로 살아가는 데 필요한 지식과 더불어, 타인을 존중하고 배려하는 인성을 갖추고 사회정의를 위해 노력하는 시민의식을 갖도록 도와주는 사람이다. 자녀가 지식습득에

자녀를 키우는 사람이라면
누구나 좋은 부모가 되고 싶어 한다.
어떤 부모가 좋은 부모일까?
모두가 공감하고 동의하는 좋은 부모란
존재하지 않는다.

내가 생각하는 좋은 부모란
자녀가 시민으로 살아가는 데 필요한
지식과 더불어, 타인을
존중하고 배려하는 인성을 갖추고
사회정의를 위해
노력하는 시민의식을 갖도록
도와주는 사람이다.

매몰되지 않고 배움 자체에 집중하며 배움의 즐거움을 경험할 수 있도록 언제나 응원하는 부모들이 많아지길 바란다. 또 부모와 자녀가 함께 비판적 사고를 통해 세상과 교육을 바라보며 주체적인 삶을 살아가길 원한다. 무엇보다 좋은 부모가 되려면 자녀가 자신을 있는 그대로 사랑할 수 있도록 격려하고 도와주는 노력이 필요하다.

많은 이들이 좋은 부모가 되려면 매사에 자녀에게 완벽한 모습을 보이고 모범을 보여야 한다고 생각한다. 그런데 세상에 완전한 사람은 없다. 존재하지도 않는 완전무결한 모습의 부모 역할을 추구하는 것은 결국 허상에 불과하다. 누구나 부모의 경험은 처음일 수밖에 없으니 자녀교육과 관련하여 실수나 실패를 하는 것은 어쩌면 당연한 일이다. 부모로서 완벽하지 못한 모습에 자책하거나 자녀에게 미안해하기보다 자녀와 건강한 관계를 맺으며 자녀와 함께 성장하는 쪽이 좋은 부모라고 생각한다.

○

좋은 부모를
고민하기 전에
'나'는 어떤 사람인지 깨닫자

가르치고 배우는 것에 초점을 두고 연구하는 교육공학 전공자인 나는 몇 년 전 우연한 기회에 대학원에서 '부모교육'이라는 과목을 강의한 적이 있었다. '부모교육'이라는 분야를 연구해본 적이 없음에도 불구하고 강의 의뢰를 흔쾌히 허락한 가장 큰 이유는 교육에서 비판적 사고와 정체성에 초점을 두고 있는 내 관점 때문이었다.

일반적으로 '부모교육'이라고 하면 자녀를 어떻게 대해야 하는지 혹은 자녀를 어떻게 변화시킬 수 있는지를 배우는 분야라고 생각한다. 자녀의 생각과 마음을 잘 이해할 수 있다면 누구나 좋은 부모가 될 수 있다고 생각한다. 실제로 내가 서점에서 찾은 대다수의 자녀교육서는 아동 심리에 대한 내용이 많았다. 자녀를 이해하려는 노력의 일환으로 타인의 심리를 이해하는 이론들이 부모에게 도움을 줄 수 있는 것은 맞지만 중요한 것이 빠져 있다는 생각이 들었다.

강의를 준비하면서 부모교육을 비판적으로 들여다보기 시작했다. 비판적 사고란 거창한 것이 아니다. 사회에서 당연하다고 생각하는 것에 대해 과연 그러한지 의문을 갖고 다시 한번 생각해보는 것이 비판적 사고다.

심리학 이론을 많이 알면 좋은 부모가 될 수 있을까? 그렇다면 심리학자들은 대체로 좋은 부모여야 할 텐데 과연 그럴까? 교육학 이론을 연구하는 교육학자들도 대체로 좋은 부모일까? 이 질문들에 대해 사람들은 이론과 실제는 당연히 다르다고 생각할 것이다. 즉, 심리학자나 교육학자가 무조건 좋은 부모라고 말할 수 없다는 뜻이다. 그렇다면 왜 이론과 실제는 다를까? 이론과 실제가 다르다면서 우리는 왜 이론에 매몰되는 것일까?

나는 이 질문들의 해답을 정체성에서 찾는다. '정체성'은 나는 누구인가, 혹은 어떤 사람인가에 대해 지속적으로 고민하고 성찰하는 과정이다. 우리는 좋은 부모가 되길 바라면서 스스로 자신이 어떤 사람인지에 대해 생각해본 적은 거의 없다. 부모인 자신은 참을성이 부족해 자녀의 잘못에 자주 화를 내면서 자녀에게는 참을성을 키우라는 이율배반적인 말을 한다. 부모는 자녀가 하는 모든 일을 '빨리빨리' 하라고 재촉하면서 막상 아이가 일을 성급하게 처리하다가 실수하면 왜 그렇게 빨리 하려고 하느냐며 야단을 친다. 일 년 내내 책 한 권 읽지 않는 부모가 자녀를 위한 책을 수십 권씩 책꽂이에 꽂아두고 독서를 강요하기도 한다. 타인을 직업이나 외모로 평가하는 말을 부모가 자주 하면 자녀도 직업이나 외모에 대한 고정관념을 갖기 마련이다.

부모 삶을 주체적으로 산다는 것

또 자녀에게 하는 어떤 말은 자신에게 부메랑이 되기도 한다. 한 지인이 내게 전화해 사춘기에 접어든 중학생 자녀로부터 충격적인 말을 들었다며 펑펑 울었다. "엄마는 왜 무능해서 집에만 있어? 다른 집 엄마들은 유능해서 밖에서 일하던데"라는 독설을 듣고 서러워 운 것이다. 지인은 아이가 어릴 때부터 "공부 안 하면 저런 사람처럼 된다"라는 말을 귀에 못이 박히게 말했다. 지인에게 굳이 그런 말을 왜 하느냐고 물어보면 당연하다는 듯이 말했다. "그래야 열심히 공부하죠." 그 말을 듣고 자란 자녀가 집에 있는 엄마를 무능하게 바라보는 것은 어쩌면 당연한 결과다.

부모교육은 자녀를 변화시키기 이전에 부모인 내가 한 인간으로서 나를 되돌아보는 과정이다. 부모라고 자녀를 마음대로 변화시킬 수 있는 것이 아님을 누구나 알 것이다. 오죽하면 "자식 이기는 부모 없다"는 말이 있을까? 자녀를 바꾸고자 안간힘을 쓰기보다 자신이 어떤 사람인지를 솔직하게 인정하며 성찰하는 것이 필요하다. 사회가 만든 기준이나 시선에서 자유로운 부모일수록 자녀에게도 그런 부담을 주지 않으려고 노력한다.

부모가 되는 순간부터 자녀를 위한 삶을 사는 것이 아니라 부모 스스로의 주체적인 삶을 건강하게 살아가는 것도 중요하다. 부모와 자녀가

부모교육은
자녀를 변화시키기 이전에
부모인 내가 한 인간으로서
나를 되돌아보는 과정이다.

'가정'이라는 실천 공동체에서 적정한 거리를 유지하며 도움을 주고받는 관계 맺기를 하면 된다. 부모가 지식보다 배움을 더 중요하게 여긴다면 자녀의 성적에 집착할 이유가 없다. 경쟁과 서열이 아닌 타인과 더불어 살아가는 사회를 중시하는 부모는 삶 속에서도 타인을 차별하거나 배제하지 않으려고 지속적인 노력을 한다. 그러한 부모 밑에서 자란 자녀는 그 어떤 책보다 삶에 가까운 배움을 얻을 것이다.

부모이기 전에 나는 어떤 사람인가

대학원에서 했던 '부모교육' 수업에는 꽤 오랫동안 부모교육 프로그램을 제공해온 유능한 강사 분도 있었다. 부모교육에 참여한 사람들이 시간이 지나면서 열정과 학습 동기가 점점 줄어든다며 해결책을 우리 수업에서 찾고 싶다고 말했다. 첫 수업 때 보였던 어두운 표정은 부모교육의 대상이 자녀가 아닌 부모 자신이라는 우리 수업의 주제를 이해하면서 점점 밝아졌다. 부모에게 도움이 될 것 같아 제공했던 수많은 아동심리학 이론이 오히려 부모들에게 와닿지 않을 수 있음을 깨달은 것이다. 그분은 내 질문식 수업을 참고해 자신의 수업 방식도 바꾸었다.

나는 수업에 온 분들에게 일방적인 이론을 전하기보다 "왜 이 수업을 수강하셨어요?", "부모교육과 관련해서 선생님의 고민은 무엇인지요?", "선생님은 어떤 분이세요? 자신이 어떤 사람인지 잘 아시는지요?" 등의 질문을 하고 매주 논의했는데, 그분도 이론에 대한 설명을 줄이고 이런 질문들을 자신의 부모교육 프로그램에서 제공했다.

백여 명의 참가자가 모둠을 구성하여 다양한 질문에 자신들의 솔직한 생각을 대화로 나누는 과정에서 경험을 공유하고 격려하는 놀라운 광경이 펼쳐졌다고 한다. 교육 프로그램에 참여한 부모들의 학습 동기가 떨어지기는커녕, 즐겁고 생생한 표정과 자세로 바뀐 것은 물론이다. 역대 가장 좋은 강의 평가를 받았다며 행복해하던 그 강사 분이 우리 수업에서 해준 말이 잊히지 않는다.

"부모님들이 자식보다 자신에 관한 이야기를 많이 하셨어요. 어떤 분은 속상해서 울기도 하고 어떤 분은 얘기하다 울컥 화를 내기도 하더라고요. 많은 분이 공통적으로 속이 후련하다고 말하면서 자신을 좀 더 솔직하게 들여다보니 자녀와의 관계에서 무엇이 문제였는지 예전보다 잘 보인다고 하셨어요. 흥미로운 점은 자녀와 부딪쳤던 문제의 원인이 자신에게 있다는 걸 깨닫는 분이 많았다는 거예요. 부모교육의 대상이 왜 자녀가 아닌 부모인지 제대로 느낄 수 있는 기회였습니다."

○

배움에
이미 늦은 때는
없다

아이가 태어날 땐 하나의 생명이 태어났다는 자체만으로 무척 기뻤다. 사람이 이렇게도 작을 수 있구나 싶어서 신기했고 말 한마디 못 해도 잘 먹고 잘 자고 잘 싸는 모습이 신기했다. 순한 아이여서 어쩌다 울음소리가 나면 아이 옆에 쭈그리고 앉아 한동안 쳐다보기도 했다. 아이가 자라 어떤 사람이 되면 좋을지는 생각해보지 않았다. 오로지 마음속으로 '건강하고 무탈하게만 자라다오' 하고 빌었다.

하지만 아이가 걷기 시작하고 말하면서 조금씩 생각이 많아졌다. 아이를 위해 '교육'이라는 것을 생각하기 시작한 것이다. 언제부터 한글을 가르쳐야 할지, 어떤 책을 읽어줘야 할지, 어린이집은 몇 살부터 보내는 것이 좋을지 등의 문제를 남편과 상의했다. 교육학 전공자로서 배우고 성찰한 것이 있던지라 아이를 있는 그대로 존중하며 이른 나이에 무언가를 억지로 가르치고 싶지 않았다. 주변에서 또래 아이를 둔 엄마가 "우리 아이는 이미 한글을 뗐어요"라든가, "영어유치원에 보냈어요"라는 말을 들어도 내 교육적 주관이 뚜렷했기에 크게 개의치 않았다. 필요한 배움은 학교 가서 선생님과 친구들과 함께 배워야 한다고 생각했다.

아이가 학교에 다니기 시작하면서부터 주변 학부모들에게 사교육에 관한 이런저런 이야기를 많이 듣게 되었다. 어느 학원이 좋다더라, 연령대별로 배워야 할 사교육이 정해져 있다더라, 선행은 필수다 등 대화의 대부분이 사교육 관련 정보였다.

나는 사교육보다 학교교육을 믿고 지지한다. 그래서 아이가 학교에서 필요한 내용을 배울 것이라고 생각해 사교육을 시키지 않고 지켜보았다. 하지만 아이는 배우는 일에 남들보다 시간이 더 필요했다. 나와 남편과는 너무도 다른 아이의 모습에 적잖이 당황했다.

남편은 필요하면 사교육을 시켜야 하지 않겠냐고 했지만 내키지 않았다. 어린 나이에 아이 스스로 공부해보지 않고 사교육에 의존하게 두고 싶지 않았다. 사교육이 불필요하다는 이야기는 아니다. 단지 아이가 배우는 일을 스스로 하고, 그렇게 하는 것이 당연하다고 생각하기를 바랄 따름이다. 그때부터 나는 엄마로서 아이의 성적을 가장 우선할 것인가, 아니면 배움에 대한 아이의 생각과 태도를 우선할 것인가를 선택해야 하는 기로에 섰다.

한순간의 고민으로 끝나지 않았다. 마치 아이가 학교에 다니는 내내 누군가가 나를 시험하는 것 같은 기분이 들었다. 아이의 성적이 안 좋을 때마다 "이래도 사교육을 안 시키고 소신을 지킬 수 있겠는가?"라고 나

를 몰아붙이는 것 같았다. 그때마다 나에게 물었다. '아이가 커서 어떤 사람이길 원하는가?'

사회에서 말하는 명문 대학, 좋은 직업을 마다할 부모가 어디 있으랴. 다만 나는 학자로서, 교수자로서, 엄마로서의 소신을 버리고 싶지 않았다.

네가 최선을 다했다는 것만으로 충분히 기뻐

나는 아이가 비판적 사고로 세상을 바라볼 수 있는 사람이 되길 원했다. 성적으로 아이를 다그친 적이 없다 보니 중학교를 거쳐 고등학생이 된 아이는 뒤늦게 공부를 열심히 하고 있다. 언제부터인가 내 입에서 "그만하고 자"라는 말이 자주 나온다. 누군가는 뒤늦게 철들어 공부하려니 그렇게 힘든 것이라며, 어릴 때부터 공부하는 습관을 익히도록 부모가 잡아주어야 한다고 말할지 모른다. 틀린 말은 아니다.

어떤 아이는 그렇게 하는 것이 좋을 수 있다. 하지만 모든 아이에게 해당되는 건 아니다. 내 아이만 해도 "엄마, 작년으로 돌아간다고 해서 내가 더 열심히 했을 것 같지 않아"라고 말한다. 누구든 공부의 필요성을 느껴야 자발적으로 시간과 노력을 쏟는다.

아이가 성장하면서 나는 사교육을 원하는지 종종 물었다. 아이가 원한다면 부모라는 이유로 무작정 안 하게 할 수 없다고 생각했기 때문이다. 초등학생 때는 그저 놀기를 좋아해서인지 사교육을 원치 않았고 중학생이 되어서도 성적에 연연해하는 아이가 아니어서인지 사교육을 원치 않았다. 사교육을 받아본 적이 없어서인지 몰라도 아이는 고등학생이 되어 혼자 공부하는 것을 힘들어 했지만 여전히 사교육에는 관심이 없었다. 오히려 혼자 노력해서 조금이라도 성적이 향상되면 뛸 듯이 기뻐하며 자신감을 가졌다. 아이가 노력했음에도 성적이 향상되지 않았을 때 내 역할은 아이를 더 많이 격려하고 응원하는 것이었다. "네가 최선을 다했다는 사실만으로 엄마는 기분이 좋아"라는 말과 함께 말이다.

요즘 내가 아이에게 자주 하는 말이 있다. "이미 늦은 때는 없어."

오래전부터 고등학교를 졸업하고 사회에서 일하다 대학에 갈 수도 있고, 대학에 아예 가지 않을 수도 있음을 아이에게 자주 말해주었다. 학교 공부의 목적이 대학 진학이라는 생각을 갖게 해주고 싶지 않았다. 철이 들어서인지 고등학생이 된 아이는 내 생각과 다르게 대학에 꼭 가고 싶어 한다. 나름 전공도 고민하고 대학을 졸업한 후 어떤 일을 하고 싶은지도 생각한다. 간혹 "엄마, 나는 나중에 커서 무슨 일을 하든 잘할 거야"라는 근거 없는 자신감을 보이기도 한다.

아이가 대학에 갈 수 있을지, 가게 된다면 어떤 대학에 진학할지 알 수 없다. 그것보다 아이의 지금 모습과 생각이 참 좋다. 그동안 배움 중심의 관점이 단단히 뿌리 내린 덕분에 내가 흔들리지 않을 수 있어서 다행이란 생각도 든다. 무엇보다 아이가 자신을 있는 그대로 인정하고 존중해준 내 마음을 알아준 것이 고맙다.

평소에 자신이 태어난 것 자체가 생일 선물이라며 퉁치던 아이가 올해 고심하여 고른 내 생일 선물이 유난히 의미 있게 와닿는다.

나부터 달라져야
세상과 교육이
달라진다

"요즘은 연령대별로 애들이 하는 사교육이 정해져 있잖아요."

몇 년 전 지인에게서 이 말을 들으며 무척 놀랐다. 아무리 동네마다 교육격차가 난다고 해도 연령대별로 정해진 사교육이 있다는 동네는 처음이었다. 지인의 말에 의하면, 동네에서 누군가 바이올린을 시작했다고 하면 곧바로 바이올린 학원에 또래의 아이들이 몰린다고 한다. 남들이 시키는 사교육은 당연히 시켜야 하고, 그 와중에 경쟁에서 살아남기 위해 남이 하지 않는 사교육을 찾느라 애먹는다는 말도 덧붙였다. 초등학교에 입학도 하지 않은 아이들이 온종일 바쁜 일정을 소화하는 것이 일상인 동네였다.

이 놀라운 얘기를 다른 동네에 사는 지인들에게 했더니 "당연한 거 아냐?"라는 반응을 보여 더 놀랐다. 지방에 사는 지인도 비슷하게 반응하는 걸 보면서 이런 사교육 현상이 비단 수도권만의 문제가 아님을 깨달았다. 초등학생 아이를 태권도 학원에만 보내고 있던 나는 한순간에 세상 물정 모르는 한심한 엄마가 되었다.

좋은 교육 문화는 하루아침에 만들어지지 않는다

아이가 초등학교 저학년일 때 반 학부모 모임에 우연히 나가서 들었던 대화 내용이 문득 떠오른다. "옆 반 선생님은 한자도 가르쳐주시는데 우리 반 선생님은 왜 안 가르치실까요?" 한자는 초등교육에서 정규과목이 아니므로 교사가 가르쳐야 할 이유가 없다. 한자를 가르친 교사의 의도가 정확하게 무엇인지 알 수 없다. 아이들에게 쉬운 한자 몇 개를 가르쳐준다면 나중에 도움이 될 수 있으리라는 단순한 생각에서였지 싶다.

그런데 안타깝게도 한자를 가르친 교사 때문에 한자를 가르치지 않은 우리 반 학부모들은 이유 없는 불안감에 교사에 대해 불만을 쏟아내기 시작했다. 초등학교 저학년인 아이들에게 굳이 한자를 가르칠 필요가 있냐는 내 질문에 학부모들은 이구동성으로 "옆 반은 하잖아요. 그럼 우리 반도 해야죠"라고 말했다. 왜 필요한지에 대한 고민과 생각 없이 남들이 하니까 당연히 해야 하는 경쟁만이 있는 우리 모습이 무척 씁쓸했다.

우리는 경쟁 중심의 교육에서 탈피하고자 해외 교육 사례를 언급하며 북유럽이나 독일, 미국 교육을 살펴본다. 해외 사례를 찾는 이유는 배

나부터 달라지지 않으면
세상과 교육도 달라지지 않는다.

내 손에 쥔 것을 내려놓지 않으면서
상대에게만 손에 쥔 것을 내려놓으라고 할 수 없다.
경쟁 대신 아이들의 삶과 배움을 위해
교육 본연의 모습을 추구하고 노력하는 학교와 교사들을
응원하고 지지하는 부모들이 많아지길 진심으로 바란다.

울 점이 있으면 배우겠다는 생각일 텐데, 정작 알고 나면 손사래를 치며 "좋긴 한데 우리나라에서는 적용하기에 불가능하다"라고 결론 내리는 경우가 많다. 해외 사례가 배움 중심 교육으로 보이는 이유는 가르치는 양에 집중하지 않고 최소한의 교육 내용을 선정하여 아이들이 직접 체험하고 고민하고 곱씹어보도록 하는 데 있다. 물론, 해외 교육이 무조건 우리보다 좋다는 뜻은 아니다. 그들의 모든 교육이 배움 중심으로 이루어지는 것도 아닐 것이다. 그럼에도 해외 사례를 배움 중심 교육으로 인식하는 이유는 전반적인 교육 문화 때문이지 완전무결한 이상적인 교육 형태 때문은 결코 아니다.

경쟁 대신 배움 중심 교육을 진심으로 응원하자

'문화'라는 것은 무엇이든 하루아침에 만들어지지 않는다. 좋은 제도가 만들어진다고 저절로 좋은 문화가 정착되는 것도 아니다. 문화가 뿌리내리고 확립되기까지는 개인들의 사고와 노력이 필요하다. 경쟁 중심 교육을 지긋지긋해하는 부모라면 배움 중심 교육을 위해 노력하는 자세가 필요하다. 과연 부모들은 우리 아이들의 소중한 배움을 위해 경쟁이 아닌 배움 중심 교육을 제공하는 교사를 진심으로 응원하고 있을까?

나는 학교 현장에서 배움 중심 수업을 아이들에게 제공하고자 고군분투하는 교사들을 볼 때마다 그들이 직면하는 어려움에 안타까움을 느낀다. 특히 대입과 연관이 있는 고등학교에서 지식 전달 수업이 아닌 배움 중심 수업을 실천하고자 수업을 구성하고 학생들에게 활동을 제공할 때 학생의 저항, 동료 교사의 비난, 학부모의 민원 등으로 의욕을 상실하고 의기소침하는 경우를 비일비재하게 봐왔다.

현재 우리 문화에서 교육 개선이 이뤄지기가 얼마나 어려운지를 확연히 보여주는 부분이다. 잔뜩 뒤틀린 나무를 바로잡으려면 얼마나 많은 힘과 노력이 필요하겠는가? 최악의 경우에는 뒤틀림을 바로잡기도 전에 나무가 부러질 수 있다. 나는 요즘 우리 교육이 뒤틀린 나무 같다는 생각을 자주 한다.

경쟁 위주의 교육, 대학 입시 위주의 교육이 쉽게 개선될 것 같지는 않다. 그렇다고 우리 모두 경쟁과 대입 중심의 교육을 향해 폭주하는 열차에 올라타 무한경쟁으로 아이들을 내몰아야 할까? 나부터 달라지지 않으면 세상과 교육도 달라지지 않는다. 내 손에 쥔 것을 내려놓지 않으면서 상대에게만 내려놓으라고 할 수 없다. 경쟁 대신 아이들의 삶과 배움을 위해 교육 본연의 모습을 추구하고 노력하는 학교와 교사들을 응원하고 지지하는 부모들이 많아지길 진심으로 바란다. 대입에서 상대적으로 자유로울 수 있는 미취학 아이들과 초등학생 부모부터 아이들의 행복을 위해 배움 중심 교육을 원한다는 목소리를 내고 서로 용기를 주며 흔들림 없이 꿋꿋이 걸어나가면 좋겠다.

◯
난민에 대한
아이와의
비판적 대화

아이가 초등학교 2학년 무렵, 길을 걷다 유엔난민기구 후원을 홍보하는 사람들의 설명을 우연히 듣게 되었다. 좋은 일이라는 생각에 나는 그 자리에서 아이 이름으로 후원 신청서를 작성했고 지금껏 소정의 후원금을 내고 있다. 집으로 돌아와 아이에게 난민이 어떤 의미인지, 엄마인 내가 왜 한 번도 본 적 없는 그들을 후원하고 싶어 하는지 쉬운 말로 설명해줬지만 아이는 큰 관심을 보이지 않았다. 내 이름으로 후원금을 낼 수도 있었지만 아이 이름을 선택한 이유는 아이가 자라면서 난민에 대해 조금씩 생각해보길 바라서였다.

아이는 중학생이 되고 어느 날, 난민이 우리나라에 많이 오는 것이 싫다는 말을 불쑥했다. 아이의 말에 나는 당황했다. 해마다 유엔난민기구에서 우리 집으로 탁상 달력을 보내줘 거실 탁자 위에 놓아두었고 주기적으로 보내주는 매거진 내용을 가끔 아이에게 말해주기도 했는데 아이는 난민에 대해 부정적으로 생각했던 것이다. 평소 나는 아이에게 무언가를 억지로 가르치려고 하지 않는 편이어서 난민에 대해서도 지나가는 말로 내 생각을 말해주었을 뿐인데, 그날은 아이와 대화를 나누어야겠다는 생각이 들었다.

> 🔵 **나** 난민에 대해 왜 부정적으로 생각하게 됐어?
>
> ⚫ **아** 오늘 친구들과 우연히 난민에 대해 얘기했는데 모두들 난민이 우리나라에 오면 범죄가 늘어날거래. 그럼 무섭잖아.
>
> 🔵 **나** 난민은 무조건 범죄자일까?
>
> ⚫ **아** 친구들이 보여준 유튜브 영상에는 범죄자들이던데….
>
> 🔵 **나** 엄마 말이 언제나 옳은 것이 아니듯이 유튜브 영상의 내용도 언제나 옳은 것은 아니야. 난민을 어떻게 바라보는가에 따라 영상 내용이 달라질 수 있어.
>
> ⚫ **아** (의심의 눈초리로) 어떻게 달라져?
>
> 🔵 **나** 난민에 부정적인 생각을 가진 사람은 우리나라가 난민을 받아들일 때 일어날 수 있는 사회 문제를 영상에 주로 담겠지. 난민을 긍정적으로 생각하는 사람은 그들과 다른 내용을 담지 않을까? 엄마가 난민에 대한 영상을 만들면 네가 본 영상과 동일한 내용일까?
>
> ⚫ **아** 엄마라면 어떻게 영상을 만들고 싶은데?
>
> 🔵 **나** 엄마는 인권 차원에서 난민을 바라보기 때문에 우리나라뿐만

아니라 세계 모든 나라들이 난민을 받아주어야 한다고 생각 해. 나라가 없어져서 도움이 필요한 사람에게 도움을 제공하는 것이 인류애가 아닐까? 난민을 통해 다른 문화를 배울 기회를 갖게 되고, 우리 사회에서 함께 살며 난민들이 기여하는 부분 도 있을 테니 그런 내용을 담고 싶어.

아이 표정을 보니 조금은 혼란스러운 듯했다. 친구들과 얘기를 나눌 때만 해도 모두가 같은 생각이었으니 그 생각이 옳다고 생각했는데, 엄마의 다른 생각을 듣고 나니 반신반의했으리라.

나는 아이에게 난민이 왜 생기게 되었는지, 그들이 처한 상황이 어떠한지를 설명해주었다. 아이는 머리로는 난민을 이해했지만 강렬했던 유튜브 영상 때문인지 난민에 대한 부정적인 견해를 쉽게 떨쳐버리지 못한 채 '그럼 어떻게 해야 하나?'라는 난처한 표정으로 나를 바라보았다. 나는 아이에게 시간을 갖고 난민에 대해 곰곰이 생각해보자고 제안했다. 이분법 사고로 난민이 좋다, 싫다고 생각하는 대신에 난민을 우호적으로 생각하는 사람들의 시선은 무엇이고 왜 그러한지, 난민을 부정적으로 생각하는 사람들이 언급하는 문제점들은 무엇인지를 중학생 수준에서 고민해보자는 것이었다. 아이가 중학생에서 고등학생으로 성장하는 과정에서 나는 기회가 될 때마다 여러 굵직한 사회 문제에 대해 시간을 갖고 대화를 나누었다.

세상에는 다양한 관점이 존재한다

 내가 아이와 자주 대화를 나눈 이유는 부모인 내가 세상을 어떻게 이해하고 있는지를 공유하고 싶었기 때문이다. 세상에는 다양한 관점이 존재한다. 누군가는 문제가 생기면 옳다 혹은 그르다는 이분법 사고로 해결한다. 또 누군가는 각자의 입장에서 다층적이고 복잡한 상황을 하나씩 살펴보며 단순한 해결책이 존재하지 않음을 이해한다.

 예를 들면, 어떤 부모는 자신의 답으로 자녀를 유도하거나 사회 주류의 견해를 갖도록 안내한다. 또 어떤 부모는 문제를 비판적으로 살펴보고 인권과 사회정의 차원에서 고민하며 갈등을 헤쳐나가도록 안내할 것이다. 어떤 쪽이든 부모의 관점이 드러나게 마련이고, 그 관점은 자녀에게 자연스럽게 영향을 준다. 나는 후자에 뿌리를 둔 부모다. 내 아이가 일상에서 비판적 사고를 자주 경험하도록 환경을 제공하여 주체적인 시민으로 성장하도록 돕고 싶다.

완벽함 대신 '성장'이라는 단어를 기억하자

많은 교육전문가가 자녀가 책을 좋아하도록 하려면 부모가 먼저 읽어야 한다고 말한다. 틀린 말은 아니지만 나는 그렇게 생각하지 않는다. 우리 집은 내가 공부하는 사람이라 책 읽는 모습을 아이에게 종종 보여준다. 반면, 남편이 책 읽는 모습은 연례행사에 가까운 수준이다. 그런 상황에서 아이가 나를 보며 '책을 좋아하는 엄마'라는 긍정적 사고를 갖고, 아빠를 보며 그 반대로 생각하는 것을 원치 않는다.

나는 누구도 아닌 내 필요에 의해 책을 읽는다. 연구와 수업을 위해 학술서를 읽고, 머리를 식히거나 마음에 드는 주제가 있는 경우 문학서나 에세이를 읽는다. 교육과 사회를 따로 분리하지 않는 내 관점에서 보면 사실 학술 서적과 비학술 서적을 구별할 필요가 없다. 우연히 읽은 소설이나 수필집의 내용이 비판적 사고나 정체성 혹은 인권이나 시민의식과 관련이 있는 경우 자연스레 수업에서 언급되기 때문이다. 사고와 성찰을 좋아하는 나는 이런 점에서 책 읽는 것을 좋아하지만 그렇다고 해서 늘상 책을 읽는 것은 아니다. 나와 달리 남편은 직장에서 온종일 일하고 퇴근하면 심신이 많이 지쳐 있다. 남편은 나와 딸과 대화하며 직장에서의 스트레스를 풀기도 하고 텔레비전을 보거나 게임을 하면서 쌓인 피로를 날리기도 한다. 최근엔 웬일인지 전자책을 잠시 읽기도 했는데 말 그대로 잠시뿐이었다. 나는 책을 좋아하는 내 모습도, 책을 거의 읽지 않는 남편 모습도 모두 괜찮다고 생각한다.

나는 우리 사회가 책 읽기를 싫어하거나 안 읽는 부모에게 필요 이상의 죄의식을 심어주고 있다는 생각이 든다. 엄밀히 말하면 책 읽기는 읽는 사람에게 도움이 되는 일이지, 책 읽는 사람을 지켜보는 사람에게 도움이 되는 일은 아니다. 간혹 주위 사람이나 대중매체에서 환경이 사람을 만든다는 말을 언급하며 책 읽는 부모 덕분에 자녀도 책을 좋아하게 되었다는 사례를 들 때가 있다. 그 말이 틀린 것은 아니지만 한 가지 놓치고 있는 점이 있다. 환경이 사람을 만들기도 하지만 그렇지 않을 수도 있다.

태어나면서부터 공부하는 엄마를 보고 자란 내 아이는 공부에 큰 취미가 없다. 아이 눈에 비친 나는 '책' 읽는 엄마가 아니라 책 읽는 '엄마'인 것이다. 아이는 아빠가 책을 읽는지 안 읽는지에도 크게 관심이 없다. 아빠가 책을 안 읽으니 자기도 안 읽겠다고 말한 적도 없다. 어쩌다 아이가 "아빠는 왜 책을 안 읽어?"라고 물어보면 우리는 농담 반 진담 반으로 "아빠는 네 나이에 평생 읽을 책을 다 읽었어"라고 말해준다. 학창 시절 남편이 엄청난 독서광이었던 것은 사실이다.

책 읽기와 관련해서 내가 아이에게 자주 해주는 말은 단 하나다.

"책을 읽는 것은 언제나 너에게 도움이 되는 일이야. 그러니 스스로 필요하다 싶으면 읽으면 돼. 엄마 아빠의 책 읽기 습관은 너와 아무런 상관이 없어."

부모가 매사에 모범을 보일 필요는 없다

자녀는 부모로부터 독립된 주체적인 자아다. 부모가 생활에서 자녀에게 이런저런 영향력을 준다는 것을 인정하지만 그렇다고 해서 영향력을 주려고 무언가를 억지로 할 필요는 없다. 자칫하면 부모는 일상에서 원치 않는 행동을 하려니 괴롭고, 자녀에게도 생각만큼 큰 영향을 주지 못할 수 있기 때문이다. 부모가 자녀에게 좋은 모습을 보이고자 노력하는 것은 필요하다. 그렇지만 매사에 부모가 먼저 모범을 보여야 한다고 생각하는 순간, 모범을 보이지 못하는 부모는 자책하게 된다. 또한 자녀에게는 부모도 하지 못하니 자신도 하지 않아도 된다는 당위성을 갖게 만든다.

인간이 완벽할 수 없듯이 부모도 완벽할 수 없다. 세상일에는 사람의 노력 여부에 따라 달라지는 것이 있는가 하면, 노력과 별개로 어찌할 수 없는 부분도 엄연히 존재한다. 가정도 예외가 아니다. 사고나 이혼으로 부모가 안 계시거나 한부모만 있는 가정도 있다. 나는 아버지나 어머니

부모가 자녀에게 좋은 모습을 보이고자
노력하는 것은 필요하다. 그렇지만 매사에 부모가 먼저
모범을 보여야 한다고 생각하는 순간,
모범을 보이지 못하는 부모는 자책하게 된다.
자녀에게는 부모도 하지 못하니
자신도 하지 않아도 된다는 당위성을 갖게 만든다.
인간이 완벽할 수 없듯이 부모도 완벽할 수 없다.

부모들이 완벽함이라는 단어를 내려놓고
'성장'이라는 단어를 손에 쥐길 바란다.

의 부재로 부모에 대한 롤모델이 없다는 말을 경계한다.

부모에 대한 롤모델이 꼭 자신의 부모여야 하는가? 만약 그렇다면 부모가 없으면 롤모델도 없기에 그 아이는 결핍을 갖게 되어버린다. 물론, 부모의 부재가 롤모델에 전혀 영향을 안 주는 것은 아니지만, 은연중에 사회에서 결핍이 있는 집단으로 분류되는 부작용이 생긴다. 그것은 내가 어릴 때부터 주변에서 듣던 얘기인 '집안을 봐야 한다', '부모가 어떤 사람인지 보면 그 사람을 알 수 있다' 등의 이분법 사고와 일반화를 유발하는 오류의 근원이다. 부모가 있는 집의 자녀들은 모두 좋은 롤모델을 만나 좋은 부모가 되는가? 폭력적인 아버지 혹은 알콜 중독인 어머니를 보고 그와 반대의 롤모델을 가지며 성장해 자녀를 아끼고 사랑하는 부모가 될 수도 있다.

롤모델을 자신의 부모에게서만 찾지 말고 사회로 시선을 확장하면 어떨까? 친척 중에서 좋은 부모의 모습을 찾을 수도 있고 친구네 부모로부터, 혹은 책이나 영화, 드라마에서도 얼마든지 부모의 롤모델을 찾을 수 있다. 존재하지도 않는 '완벽한 부모'라는 단어에 매몰되어 스스로 움츠러들거나 자녀에게 이유 없이 미안해하지 말자. 대신 자녀와 대화를 통해 스스로 어떤 모습의 부모인지를 인지하고, 보다 나은 부모가 되기 위해 고민하고 성찰해보자.

문득 대학원 '부모교육' 수업에서 학기 중반쯤 한 선생님이 논의 과정에서 울음을 터뜨렸던 기억이 난다. 아무리 생각해도 결혼 생활을 더는 유지할 수 없다는 생각에 그분은 용기를 내어 이혼을 결심하고 절차를 진행하는 상황이었다. 아직 어린 두 자녀를 생각하면 너무나 미안하고 이기적인 결정이라는 자책감도 들었다고 한다. 이혼 결심을 되돌려야 하는지 고민하던 차에 우리 수업에서 완벽한 부모란 존재하지 않는다는 말에 위로받으며 갑자기 눈물을 쏟은 것이다.

부모들이 완벽함이라는 단어를 내려놓고 '성장'이라는 단어를 손에 쥐길 바란다. 아이들이 태어나면서부터 조금씩 성장하듯이 부모도 처음부터 완벽한 것이 아니라 부모로서 조금씩 성장하는 것이다.

부모 마음이라
불리는
'부모 욕심'

오래전 아이를 통해 우연히 알게 된 모 케이블방송 프로그램이 있었다. 그 프로그램은 연예인 부모와 사춘기 자녀들이 함께 나와 서로 소통 부재로 인한 문제들을 공유하고 해결점을 찾아가는 것에 초점을 두고 있다. 나는 단순한 예능프로그램인 줄 알고 별 관심을 두지 않았다. 하지만 아이와 함께 그 프로그램을 보면서 나는 교육학 박사로서 많은 것을 생각하게 되었다. 프로그램의 정규방송은 밤늦은 시간이어서 아이와 나는 낮에 짬이 나면 지난 편들을 VOD로 시청했다. 여러 편 중 세 가정의 모녀들이 이탈리아로 여행 가서 일어나는 다양한 일을 보여주는 일화가 유난히 인상적이었다.

　상황은 이러했다. 세 모녀가 기념사진을 찍기 위해 주변 사람에게 사진을 찍어 달라고 부탁하는 과정에서 한 연예인 엄마가 자신의 딸들에게 "왜 너희는 영어로 '사진 찍어 달라Picture, Please'는 간단한 말도 하지 못하냐?"라며 폭발하듯이 화를 냈다. 제작진과의 인터뷰에서 그녀는 여행하는 동안 다른 두 집의 딸들이 번갈아 가면서 영어로 누군가에게 물어보는 일이 종종 있었는데 유독 자신의 딸들만 입을 꼭 다물고 있었기에 '엄마로서 창피'하기도 했고 다른 집 모녀들에게 우리 아이도 이 정도 영어는 할 수 있다는 것을 '보여주고' 싶었다고 솔직히 말했다. 그러면서 덧붙인 말이 "이게 다 부모 마음이에요. 부모라면 모두 제 마음을 이해하실 거예요"였다. 예상했듯이 스튜디오에 나와 있는 대부분 부모가 고개를 끄덕이며 동의했다.

내 아이를 있는 그대로 받아들인다면

나도 자녀를 두고 있기에 사람들이 '부모 마음'이라고 하는 게 무슨 뜻인지 충분히 이해한다. 그런데 이 '부모 마음' 속에 자식을 생각하고 이해하는 마음보다 타인에게 보여주기 위한 마음이 더 크게 자리 잡는 순간, 부모와 자식 간에 문제가 생길 수 있다는 것을 인식하면 좋겠다. 조금 전 언급했던 프로그램에서 동행한 다른 두 집의 딸들을 잠시 살펴보자. 한 명은 20대 초반으로 캐나다에서 9년을 살았기 때문에 영어를 잘하는 것이 어찌 보면 당연했다. 또 다른 한 명은 해외 거주 경험은 없지만 외고에 재학 중인 것으로 미루어볼 때 간단한 영어 회화 정도는 하리라 짐작된다.

부모와 자식 간 대화는
거창할 필요가 없다.

부모 마음이라는 이름으로 갖고 있던 화를 억누르고
내가 그렇게도 사랑하는 아이와
솔직하게 얘기하면 된다.

물론 쉽지 않다.
어쩌면 이 일이 가장 어려울지도 모른다.
그래서 우리 모두에게 '**연습**'이라는 좋은 단어가 있다.
연습은 시간과 노력을 많이 들일수록 좋다.
실패를 거듭할수록 좋다.

속상해서 화를 냈던 그 연예인의 딸들은 인터뷰 내용에 비추어볼 때 영어 사교육을 받았지만 문법과 독해 위주의 주입식 영어다 보니 회화 경험은 거의 갖지 못했을 것으로 추측된다. 또한 우리나라의 많은 사람이 그러하듯이, 영어를 할 때 문장을 완벽하게 만들어야 한다는 부담감으로 해외에서 간단한 회화조차도 쉽게 입을 열지 못했던 것 같다.

아이들마다 주어진 환경이 다를 수 있고, 참여하고 있는 교육이 다를 수 있으며, 성향 또한 다르다. 남들과 같지 않다는 점에서 아이를 다그칠 것이 아니라 있는 그대로 먼저 이해해주면 어떨까? 내 아이에게 부족한 면을 자꾸 찾기보다는 남들보다 잘하는 점을 찾아서 지속적으로 칭찬해주면 어떨까?

나도 안다. 여기저기서 "교과서적인 말이지", "말은 쉽지!"라는 소리가 들리는 듯하다. 그런데 이렇게 생각해보자. 어른인 부모도 무엇이 좋은지 알지만 말처럼 행동으로 옮기는 것이 쉽지 않다. 그런데 아이들은 그것이 쉬울까? 아이들이기 때문에 더 어려운 것이 당연하지 않을까? 왜 부모는 자신도 하기 어려운 것을 아이들에게는 당연하다는 듯이 "그 쉬운 걸 왜 못 해?"라고 말하는 것일까?

부모들을 비난하고자 하는 것이 아니다. 자식을 자신보다 더 사랑하는 많은 대한민국의 부모에게 한 사람의 엄마로서, 교육학 박사로서 부탁하고 싶을 뿐이다. 내 아이를 다른 아이들과 비교하고 남들에게 자랑하고 싶은 마음을 내려놔 주십사 하고 말이다. 너무나도 사랑한다고 말하는 그 자식을 있는 그대로 봐주기를 진심으로 부탁드린다. 아이들 입장에서 한 번만 더 생각해달라고 간절히 부탁드린다.

이런 노력을 하는 부모라면 자녀와의 대화가 한결 편해질 것이라고 생각한다. 아이들도 부모가 자신을 이해해준다고 믿는 순간부터 부모와의 대화가 즐겁고 대화에 귀를 기울일 확률이 높지 않겠는가. 부모인 우리도 내가 믿는 사람과 대화할 때 기분이 좋고 그 사람의 말에 귀를 기울이는 것처럼 말이다. 아이에게도 그렇게 해보자. 그리 어려운 일이 아니다.

부모와 자식 간 대화가 거창할 필요는 없다

방금 예로 든 프로그램의 상황을 다시 불러와보자. 엄마의 화를 고스란히 받은 두 딸 중 한 명은 중학생임에도 꼼꼼한 성격 덕분에 여행 기간 동안 돈 관리를 맡아서 매번 사용한 돈이 얼마인지 기입하는 탁월한 능력을 갖고 있었다. 엄마가 아이의 이런 능력을 기회가 될 때마다 진심으로 칭찬해주면 어땠을까?

"우리 ○○는 이번에도 빠뜨리지 않고 잘 적는구나. 어른인 엄마도 매번 이렇게 기입하는 것이 쉽지 않은데 참 기특하네!"

아이는 자신의 능력을 인정받아 기분이 좋고 자존감도 높아질 수 있다. 이런 과정에서 엄마는 아이에게 슬며시 물어볼 수 있을 것이다. "이왕 해외에 나왔는데 영어 한마디 정도는 해보면 어떨까?", "꼭 한마디 할 필요는 없지만 뭐라고 말하면 좋을지 같이 생각해볼까?", "지금까지 한 번도 안 물어본 것 같은데 혹시 이유가 있니?" 등등 말이다.

대화란 그리 거창하지 않아도 된다. 더구나 부모와 자식 간 대화는 더욱 거창할 필요가 없다. 부모 마음이라는 이름(알고 보면 '부모 욕심'일 수 있는)으로 갖고 있던 화를 억누르고 내가 그렇게도 사랑하는 아이와 솔직하게 얘기하면 된다. 물론 쉽지 않다. 어쩌면 이 일이 가장 어려울지도 모른다. 교육학 관련 책을 읽고 연구하는 것이 직업인 나도 내 아이에게 화가 날 때가 종종 있다.

그래서 우리 모두에게 '연습'이라는 좋은 단어가 있다. 연습은 시간과 노력을 많이 들일수록 좋다. 실패를 거듭할수록 좋다. 단번에 완벽하게 성공하는 허상을 깨고 끊임없이 연습을 거듭해야 성장할 수 있다. 아이에게도, 부모인 나에게도 동일하게 적용해보자. '제대로 된' 부모 마음으로.

아이는
정말 친구 같은
부모를 좋아할까?

나는 관계를 중시하는 사람이다. 무엇보다 건강한 관계를 맺고자 늘 노력한다. 내가 생각하는 건강한 관계는 한쪽이 일방적으로 배려하고 희생하는 것이 아니라 관계를 맺는 당사자 모두 상대를 배려하고 존중하는 사이다.

나는 엄마로서 어떤 상황이든 아이를 이해하려고 노력하지만, 엄마이기 때문에 당연히 아이를 무조건 이해하는 사람이 아님을 아이에게 알려주는 편이다. 아이가 나를 힘들게 하면 있는 그대로 힘들다고 말해주고, 아이로부터 상처를 받아도 말해준다. 아이가 타인에게 진심을 담아 사과하는 사람이길 바란다. 타인에는 엄마인 나도 당연히 포함된다.

아이가 나와의 관계를 부모-자식 관계로 이해하기 전에 사람간의 관계로 인식하기를 바란다. 아이는 나와 키가 비슷해진 시기부터 나에게 어깨동무하는 걸 좋아한다. 어깨동무를 거의 해본 적이 없는 나는 처음에 무척 어색했다. 어깨동무 대신 손을 잡자고 아무리 말해도 아이는 개의치 않고 내 어깨에 팔을 얹었다. 그러다 보니 익숙해서인지 나도 나름 즐기기 시작했다. 물론 여전히 나는 손잡는 것이 더 좋다.

"너는 엄마랑 얘기하는 게 아니라 친구랑 얘기하는 것 같아."

언젠가 아이 친구가 나와 아이가 티격태격하는 모습을 보며 한 말이다. 아이 친구는 나를 대하는 아이를 신기한 표정으로 보았다. 부모에게 함부로 행동하는 버릇없는 모습이 아니라, 친구를 대하는 듯한 편한 모습에 놀란 듯했다. 무심한 듯 친구에게 내뱉은 아이의 한마디가 압권이었다.

"나도 가끔은 엄마인지 친구인지 헷갈려."

나는 아이에게 '친구 같은 엄마'가 아니라 그냥 때로는 엄마, 때로는 친구가 되길 원한다. 많은 부모가 권위적인 부모에서 탈피하고자 자녀에게 '친구 같은 부모'가 되려고 노력한다. 의도는 충분히 이해된다. 그런데 '친구 같은 부모'가 어떤 모습인지 사실 잘 와닿지 않는다.

친구와 부모의 역할을 적당히 잘하면 된다고 말하기는 쉽지만 실제로 행하기는 상당히 어렵고 애매하다. 더구나 '친구 같은 엄마'도 결국은 엄마이지 않을까? '딸 같은 며느리'도 결국 며느리이지 않나?

부모가 친구인 척하는 것은 아이 눈에도 보인다

미국 유학 시절 텔레비전에서 "Do not pretend to be a friend, Just be a friend"란 홍보 문구를 본 적이 있다. "친구인 척 하지 말고 그냥 친구가 되어라"는 뜻이다. 오래전이라 어떤 내용에서 이 문구가 나왔는지 기억이 안 나지만 당시 이 문구에 대해 미국 친구들과 나눈 대화는 신기하게도 잊히지 않는다.

가장 친한 친구 샌디는 자녀가 셋이었는데, 아이들이 자신에게 친구인 척하기보다 친구처럼 자신의 얘기를 들어주고 공감해달라는 말을 자주 한다고 했다. 교실에서 만난 미혼인 친구들도 모두 한결같이 "부모가 친구인 척하는 것은 눈에 다 보여서 별로"라고 말했다. 그보다는 고민을 털어놨을 때 친구들이 해주는 것처럼 별거 아니라는 듯 무심히 넘어가거나 어깨를 툭툭 치는 게 좋다는 것이다. 혹은 부모가 아닌 한 인간으로서 진지하게 대화하며 자신의 경험담을 공유하거나 함께 고민하는 모습이 더 와닿는다고 했다. 나에게는 상당히 신선한 충격이었다.

당시 홍보 문구에 유난히 시선이 갔던 이유는 내가 배우고 있는 사회문화관점 때문이었다. 우리 사회는 어느 곳이든 힘의 불평등으로 건강하지 못한 관계가 많고 심지어 관계 맺기 자체가 잘되지 못하는 경우도 많다. 힘을 가진 사람과 갖지 못한 사람이 동등한 관계를 맺기란 참으로 어렵기에 늘 여러 문제가 생기고 쉽게 해결되지 못하는 경향이 있다. 이런 문제점들을 해결하는 방안 중 하나로 '친구 같은 부모' 혹은 '친구 같은 교사' 등의 단어가 나온 것이 아닐까 싶다.

이 좋은 의도에서 하나 놓치는 것이 있다. 바로 여전히 방점을 부모 혹은 교사에 두고 있다는 점이다. 부모가 매사에 친구일 수 없다. 나는 엄마로서 아이를 위해 의사결정을 해야 할 때가 있고 아이를 보호해야 할 때도 있다. 이런 경우는 엄마라는 내 정체성이 강하게 드러날 수밖에 없다. 엄마로서의 내 모습을 아이가 마냥 좋아할 수 없다. 엄마로서 내 의사결정과 아이가 원하는 것이 충돌하는 상황이 얼마나 많은가? 언제나 '친구 같은 엄마'라고 말하면서 결정적인 순간에는 결국 엄마가 되는 것 아니냐고 아이가 물으면 사실 나도 할 말이 없다.

곰곰이 생각해보니 내가 아이와 친구가 되는 순간은 아이와 장난치고 놀 때다. 아이가 아주 어릴 때는 오히려 친구인 척하며 아이가 원하는 대로 게임에서 져주기도 하면서 아이의 기분에 맞춰주었다. 아이가 청소년이 되면서부터 나는 아이와 몸으로 부대끼며 장난치고 논다. 서로 머리카락을 아프지 않게 잡아당기기도 하고 침대에서 서로 밀어내려고 온 힘을 쓰기도 한다. 아이가 크면서 나보다 힘이 세지니 요즘은 언제나 내가 나가떨어지지만 그래도 쉽게 지지 않으려고 안간힘을 쓴다. 옆에서 우리 둘을 지켜보는 남편은 딸 둘을 키우는 기분이라며 좀 조용히 하라고 잔소리하기도 한다.

나는 친구 같은 엄마보다 아이를 있는 그대로 인정하고 존중해주는 엄마이길 원한다. 때로는 친구처럼 아이를 이해하고 때로는 인생 선배로서 경험을 공유하며 아이를 세상으로 안내하고 싶다.

부모교육은
건강한 부부 관계에서
시작한다

15~20년 전만 해도 우리 사회는 가정에서의 성 역할이 다분히 정해져 있었다. 집안일은 여성의 몫이고 남성은 도와주는 정도였다. 이런 분위기가 당연시되는 것이 싫어서 나는 지인들에게 우리 집 음식은 주로 남편이 한다고 말했다. 남편은 요리사가 꿈이었던 시절이 있을 만큼 음식 만드는 일에 관심이 많고 잘한다. 연애 시절, 식당에서 함께 음식을 먹으면 어떤 재료가 들어갔는지를 생각하며 나에게 하나씩 말해주기도 했다.

그와 반대로 나는 태생적으로 집안일에 관심이 없고 음식도 먹는 것에만 관심이 있었다. 결혼과 동시에 유학을 떠날 때 엄마는 김치찌개와 같은 간단한 음식 만들기를 남편에게 알려줬다. 나에게 아무리 말해줘도 못 알아들으니 답답했던 것이다. 나는 엄마가 말하는 '소금 조금, 다진 마늘 조금'의 조금이 어느 정도인지 몰라 답답했다. 엄마의 '조금'을 찰떡같이 알아듣는 남편이 얼마나 신기했는지 모른다.

요즘은 집에서 식사 준비를 주로 내가 한다. 남편은 출퇴근하는 직장 인이고, 나는 시간을 자유롭게 쓸 수 있는 상황이기 때문이다. 예전에 둘 다 바쁠 때는 집에 먼저 오는 사람이 식사를 준비했다. 20년 동안 결 혼 생활을 하면서 요리 실력이 내가 봐도 놀랍도록 성장했다. 하지만 지 금도 요리하는 것을 썩 좋아하지는 않는다. 그렇기에 식사 준비는 한 시 간을 넘기지 않도록 하는 것이 내 나름의 원칙이다. 즉, 간단한 요리법과 집에 있는 양념 재료로 가능한 것만 만든다.

부모가 서로를 어떻게 대하는지 아이는 안다

음식 얘기로 시작했지만 내가 하고 싶은 말은 서로 노력하는 부부 관 계다. 남편이 요리를 잘함에도 불구하고 여성의 일이라며 나에게 식사 준비를 강요했다면 나는 어떤 기분이었을까? 나는 음식을 못 하니 배 째 라는 식으로 남편에게 식사 준비를 강요했다면 남편은 어떠했을까? 결 혼해서 내가 남편에게 가장 자주 한 말이 "고마워"였다. 남편은 자기가 당연히 할 일을 한 건데 왜 고맙냐고 물었다. 나는 당연한 건 당연한 것 이고 그것과 별개로 고맙다는 마음을 표현하고 싶다고 말했다. 한쪽이 일방적으로 헌신하는 관계는 건강하지 못하다. 언뜻 보면 남편이 나에게 많은 것을 양보하고 맞춰주는 것 같아도 좀 더 들여다보면 나 역시 남편 을 위해 노력하는 점이 상당히 많다.

나는 남편에게 소위 잔소리를 별로 해본 적이 없다. 남편이 매사에 완벽해서일까? 그럴 리가! 세상에 완벽한 사람은 없다. 나는 사랑하는 배우자에게 이왕이면 좋은 말을 해주고 싶지, 상대를 기분 나쁘게 만들고 싶지 않다. 예를 들면, 나는 남편보다 운전을 훨씬 먼저 시작했고 잘하는 편이다. 하지만 남편이 운전할 때 답답해도 그냥 지켜본다. 잔소리해서 기분을 언짢게 만들기보다 내가 남편을 믿고 있음을 보여주고 싶기 때문이다. 사소한 경우라도 남편에게 화를 내거나 불편한 내 감정을 그대로 드러낸 적이 없다. 아이에게 화가 날 때 언성을 높이거나 하고 싶은 말을 그대로 쏟아낸 경우가 있어도 남편에게는 그래본 적이 없다.

남편도 마찬가지다. '부부 싸움은 칼로 물 베기'라고 하지만 남편과 나는 서로를 존중하며 불필요한 감정 싸움이나 상처를 줄 것 같은 말은 하지 않는다. 결혼 생활에서 상대를 탓하고 먼저 달라지기를 바라면서 문제가 시작되는 경우가 많다. 우리 부부는 자신이 먼저 이해하고 노력하는 것이 사랑의 또 다른 형태라는 것에 공감했다. 그러다 보니 흔하다는 부부 싸움을 할 일이 거의 없었던 게 아닐까 싶다.

부모교육은 부부가 자신들의 관계를 되돌아보는 것에서부터 시작한다. 부부가 매사에 일을 정확하게 반씩 나누어 하는 것이 공평하다거나 평등하다고 생각하지 않는다. 상황에 따라 일의 분배는 얼마든지 달라질 수 있다. 서로 잘하는 것을 하는 것이 합리적일 때도 많다. 실수하거나 잘못했을 때 상황을 회피하지 않고 진심을 담아 사과하는 용기도 필요하다.

가정은 사회의 축소판이라고 생각한다. 서로 다른 개인이 만나 사랑

하고 가정을 꾸린다. 그리고 아이를 낳아 키우며 오랜 시간 함께 인생의
희노애락을 경험한다. 이 과정에서 서로 믿고 존중하며 건강한 관계를
맺는 것이 얼마나 중요한지 매 순간 실감한다.

특히, 아이가 나와 남편을 보며 나중에 우리 부부 같은 결혼 생활을
하고 싶다고 말할 때 노력이 헛되지 않은 것 같아 기분이 좋다. 관심 없
는 것처럼 보여도 부모가 서로 어떻게 대하는지 아이들은 은연중에 느
끼고 안다.

체벌은
훈육의 방법이 아닌
인권 문제

"받아쓰기 50점이어도 괜찮아요. 혹시 부모님께 혼나면 선생님에게 말해주세요."

아이의 초등학교 2학년 담임선생님이 학기 초 학부모 참관 수업을 마칠 때 온화한 미소를 띠며 아이들에게 한 말이다. 아이들은 신나서 큰 소리로 "네!"라고 외쳤고, 교실 뒷줄에 서 있던 부모들은 머쓱해했다. 참관 수업을 마치고 학교를 나오며 다른 학부모들에게 "요즘도 아이를 때리는 부모가 있을까요?"라고 무심코 물었다. 이구동성으로 "많을걸요"라는 말에 내심 얼마나 놀랐는지 모른다. 20세기도 아니고 21세기에, 그것도 2010년이 훌쩍 지난 시점에 아이들에게 체벌하는 부모가 생각보다 많다는 사실에 심란했다.

놀란 마음을 숨긴 채 나는 어떤 경우에 아이들을 체벌하는지 물었다.

성적이 나쁘거나 학원 숙제를 안 하면 아이를 때려야 정신 차린다고 누군가 말하면 모두 고개를 끄떡이며 동의했다. 심지어 "아이들은 어릴 때부터 부모가 때려서라도 공부하는 습관을 만들어줘야 해요"라고 당당하게 말하는 부모도 있었다. 내가 가장 놀랐던 말은 "사람들이 저에게 아이가 어떻게 해서 공부를 그렇게 잘하느냐고 물어요. 저는 한마디만 해요. 때리면 잘한다고요"였다. 이렇게 말한 대부분 학부모가 대학을 졸업했고 평소에 이런저런 얘기를 하며 스스로 교양이 있다고 자부하던 사람들이었다. 아이 담임선생님이 참관 수업 말미에 왜 그런 말을 했는지 그제야 이해가 되고도 남았다.

체벌을 한 번만 하는 사람은 없다

1970~1980년대 내가 어릴 때만 해도 가정에서 자녀를 체벌하는 일이 흔했다. 성적 때문이 아니라도 부모의 말을 잘 듣지 않으면 손이나 회초리로 아이를 때리는 일이 당연했다. 아이의 잘못을 부모가 고쳐준다는 소위 '교육'이라는 이름으로 가정에서의 체벌은 허용되었고, 학교에서도 '사랑의 매'라는 명분으로 체벌이 만연했다. 당시에는 아동 인권 혹은 학생 인권에 대한 시민의식이 거의 없던 시대였기에 부모나 교사로부터 온몸에 피멍이 들도록 맞아도 크게 신경을 쓰지 않았다. 부모가 자녀에게 손바닥을 열 대 때리는 일은 오히려 애정 어린 행동으로 보일 정도였다.

나는 체벌을 일절 하지 않는 가정에서 자라서인지 학교에서 체벌을 보는 것만으로도 무서웠다. 단체 기합이라는 명분으로 난생 처음 손바닥을 맞았을 때의 불쾌감과 공포감을 아직도 잊을 수 없다. 내 친구 중에서 부모나 교사로부터 체벌을 당했을 때 자신의 잘못을 일깨워줘 고맙다고 말하는 이는 단 한 명도 없었다. 성인인 내 지인들 역시 어릴 때 맞은 기억을 떠올리면 왜 맞았는지는 기억이 안 나지만 어떻게 맞았는지는 생생하다고 말한다.

가정에서든 학교에서든 체벌이 금지되길 바란다. 나부터 부모에게 체벌을 받은 적이 없기 때문에 내 아이를 절대 체벌할 수 없다. 내 학창 시절에 비추어볼 때 체벌받는 사람의 굴욕감을 잘 알기에 내 아이에게 더더욱 체벌할 수 없다. 대학 수업이긴 하지만 학생들에게 화를 내거나 소리를 질러본 적도 없다. 대학생이라고 해서 늘 예의 바르고 교수자를 존중하는 것은 아니다. 교수자를 무시하는 태도나 행동을 보일 때 학생에게 불같이 화를 내서 도움이 되었다는 교수자를 본 적이 없다. 나는 그런 학생들에게 먼저 손을 내밀며 관계 맺기를 시도하거나 그들이 원치 않으면 일정한 거리를 두고 그냥 지켜보는 편이다. 화를 내기보다 이해하고 존중하려는 내 진심이 통했는지 시간이 지나면서 그들의 태도가 서서히 달라짐을 자주 경험한다.

내가 체벌 금지를 언급하면 부모인 지인들은 어쩔 수 없는 상황이 있다고 말한다. 예를 들면, 뜨거운 것을 만지려는 아이에게 다음에는 그러지 않도록 등을 몇 차례 때린다든가 어린이집에서 친구의 물건을 자꾸 가져와서 그러지 말라고 몇 번 말해도 듣지 않으면 때릴 수밖에 없다는 것이다. 나도 그 말이 이해가 안 되는 것은 아니다. 하지만 체벌로 아이의

체벌을 단순한 훈육의 방법이 아닌
인권 문제로 접근해보자.

사람은 누구든 타인에게 신체적 해를 가할 권리가 없다.
부모라도 자녀의 몸에 함부로 손댈 권리는 없다.
가정에서 체벌이 만연할수록
사회에서의 체벌이 당연시될 수 있다.

버릇이 고쳐질 수도 있는 반면에, 체벌을 피하려고 거짓말이 늘어날 수도 있다. 체벌이 효과가 있을 때도 있고 없을 때도 있으니 필요할 때 적정한 체벌은 괜찮다고 생각하는 부모들이 꽤 많다. 그런데 곰곰이 생각해보면 체벌을 아예 안 하는 사람은 있어도 한 번만 하는 사람은 없다. 아이를 위한다는 생각이 체벌의 정당성이 되어 한 번이 두 번이 되고, 한대 때리는 것이 순식간에 열 대로 늘어나게 된다. 자녀에게 체벌하는 부모는 자신의 체벌을 정당화하기가 쉽다.

체벌 대신 할 수 있는 것

체벌을 단순한 훈육의 방법이 아닌 인권 문제로 접근해보자. 사람은 누구든 타인에게 신체적 해를 가할 권리가 없다. 부모라도 자녀의 몸에 함부로 손댈 권리는 없다. 아장아장 걷는 아이가 다가오는 차를 보지 못하고 차도 쪽으로 걸어가는 것은 아이의 잘못이 아니다. 놀라서 아이를 낚아챈 후, 엄마가 불렀는데 왜 오지 않았냐며 아이를 때릴 것이 아니라 아이에게 위험한 상황과 놀란 엄마의 마음을 말해주는 것이 필요하다. 아이가 못 알아듣는다고 치부할 것이 아니라 아이가 조금씩 상황을 인지할 수 있도록 부모가 끊임없이 대화해주어야 한다. 부모 스스로 어린 아이를 상황 파악도 제대로 못 하는 동물처럼 대하고 있는 것은 아닌지 생각해볼 필요가 있다.

작년 내 수업에서 반려견을 키우는 한 학생이 "저는 동물이지만 반려

견도 안 때리는데 어떻게 나중에 제 아이를 때리겠어요?"라고 성찰 일
지에 쓴 부분이 무척 인상적이었다. 이후 타 수업에서 기회가 될 때마다
그 학생의 말을 소개하며 학생들과 체벌에 대한 고민과 논의를 한다.

내가 아이를 키우며 체벌 대신 선택한 방법은 아이와 치열하게 대화
하는 것이다. 대화가 언제나 화기애애하지는 않다. 아이 행동에 엄마로
서 화가 날 때도 많다. 그럴 때마다 아이에게 엄마인 내가 무엇 때문에
화가 났는지 말해준다. 아이도 자신의 입장에서 그런 행동을 할 수밖에
없었음을 말한다. 때로는 순식간에 서로 이해가 되어 금방 화를 풀기도
하지만, 때로는 도무지 이해되지 않아 언성이 높아지기도 한다.

나는 어떤 경우에도 아이를 때리거나 언어로써 폭력을 가하지 않는
다. 아이를 사랑하는 만큼 인권을 존중하며 문제를 해결하고자 입씨름
을 하는 것이다. 아이의 입장을 들을수록 아이의 상황을 이해하게 되는
경우가 많았다. 마찬가지로 아이도 내가 구체적으로 화가 난 이유를 말
해줄수록 나를 이해하기가 한층 쉬웠다고 했다.

"꽃으로도 때리지 마세요." 몇 년 전 집회를 지켜보는 경찰차에 시민
들이 붙여준 문구라고 한다. 가정에서 체벌이 만연할수록 사회에서의
체벌이 당연시될 수 있다. 체벌에 익숙한 아이들이 학창 시절 학교폭력
의 문제에 둔감하게 되고 성인이 되어 타인의 데이트 폭력, 성폭력, 직장
내 괴롭힘 등을 외면하기 쉽다. 아이가 태어나는 순간부터 인격적으로
존중하는 경험을 많은 부모가 가졌으면 좋겠다.

엄마는
언제 은퇴할 거야?

"엄마는 언제 은퇴할 거야?"

아이가 초등학교 2학년 무렵, 무심하게 나에게 물었다. 대학의 연구교수로 재직한 지 얼마 되지 않았을 때였다. 학교에서 돌아와 집에 혼자 있는 아이는 간식을 간단히 챙겨 먹고 태권도장으로 향하는 것이 일상이었다. 대다수 아이가 한 시간 동안 태권도를 배우고 집으로 돌아가지만 우리 아이는 어차피 집에 오면 심심하니까 한 시간 더 태권도를 연습하고 집에 올 때가 많았다. 태권도 관장님과 사부님이 좋은 분들이어서 간혹 이른 저녁 식사를 할 때 아이도 함께 먹고 오기도 했다. 평소 밝고 씩씩한 성격의 아이 입에서 '은퇴'라는 단어를 들을 줄 꿈에도 몰랐기에 다소 놀랐다.

비록 아이가 지나가는 말로 툭 내뱉긴 했지만 그 말을 들은 순간부터

심란했다. 아이에게는 아무렇지 않은 듯 "엄마는 지금 다니는 학교에 나
간 지 얼마 되지 않아서 은퇴하려면 한참 남았어"라고 말했지만 머릿속
은 복잡했다. 아이가 초등학생이 되면 일하는 엄마들이 직장을 관두어
야 하는지 고민한다는 말을 들었지만 남의 일인 줄만 알았다. 아이가 내
색은 안 해도 혼자 집에 있는 것이 싫었구나 하는 생각이 들자 마음 한
구석이 아리기도 했다.

주체적으로 사는 부모가 아이에게 주는 영향

나는 평소에 아이를 마냥 어리게 대하거나 미숙하다고 생각하지 않
았다. 아이에게 아이 삶이 있듯이 엄마인 나도 내 삶이 있음을 아이에게
자주 말해주었다. 남편과 나의 삶이 아이의 삶과 분리되어 각자 자신의
삶을 즐겁게 살아가자고 농담 반 진담 반 얘기했다. 아이에게 독립심을
갖도록 해주고 싶었다. 예상치 못한 아이의 말 한마디에 나는 부모가 갖
는 죄책감이 어떤 것인지 깨달았다.

나는 완벽한 사람은 없다는 관점에 뿌리를 두고 세상과 교육을 바라
본다. 수업에서 교사가 되길 바라는 우리 학생들에게 완벽한 교사로서
의 무게를 내려놓자고 말한다. 학생이 더욱 나은 삶을 살도록 돕기 위해
교사가 존재하는 것이지만, 동시에 교사도 자신의 삶을 주체적으로 살아
가는 것이 중요하다. 교사로서의 삶이 언제나 완전무결할 수는 없다. 때
로는 실수하기도 하고 때로는 능력이 부족하기도 하지만 그것을 개선해

나가는 과정에서 교사도 한층 성장하는 것이다.

부모도 마찬가지라고 생각한다. 자녀를 잘 키우고자 노력하는 것이 부모의 역할이다. 그러나 부모의 삶을 주체적으로 살아가는 것도 자녀에게 좋은 영향을 줄 수 있다. 세상일이 얻는 것이 있으면 잃는 것도 있게 마련이다. 부모가 자신의 삶을 살아가는 과정이 언제나 순탄하고 문제가 없는 것은 아니다. 때로는 맞벌이 부모로 인해 아이들이 마음에 상처를 받기도 한다. 아이마다 성향이 다르므로 상처가 크다면 부모 중 한 사람이 일을 그만두고 아이 옆에 있는 것이 필요하다. 그런데 그마저도 여의치 않은 상황에 놓인 부모들도 많다. 생계를 위해 부부가 맞벌이를 해야만 자녀를 키울 수 있는 상황에서 아이 옆에 있어 주지 못한다는 미안함과 죄책감까지 갖게 하는 건 너무 과하다.

죄책감 대신 사랑하는 마음을 자주 표현하자

부모들이 갖는 죄책감은 상당히 다양하다. 부부가 결혼 생활을 더는 유지할 수 없어 이혼하게 되면 아이들은 한부모 가정에서 자라게 된다. 자식을 둔 부모가 이혼을 결심하는 것은 사실 무척 어려운 일이다. 웬만하면 아이들을 생각해서라도 참고 산다고 하는데, 그마저도 힘들기 때문에 이혼을 결정하는 것이다. 자신의 삶에서 이혼을 받아들이는 것도 힘든데 상처받은 아이들의 눈치를 보며, 자신보다 아이들을 먼저 다독여주게 된다.

자녀를 잘 키우고자 노력하는 것이 부모의 역할이다.
그러나 부모의 삶을 주체적으로 살아가는 것도
자녀에게 좋은 영향을 줄 수 있다.

세상일이 얻는 것이 있으면
잃는 것도 있게 마련이다.
부모로서 죄책감을 갖지 말고,
자녀를 마음껏 사랑하고 그 마음을
일상에서 자주 표현하길 바란다.

부모로서 아이들을 먼저 챙겨줘야 하는 것이 당연하지만 죄책감에서 벗어나길 바란다. 부모가 행복하지 않은 가정에서 아이들도 행복하기 어렵다. 아이들에게 한부모라고 해서 문제가 있는 것이 아님을 당당히 말해줄 수 있는 용기를 가지면 좋겠다.

장애아를 둔 부모도 죄책감을 갖기는 마찬가지다. 부모가 장애아를 선택한 것도 아니고 장애아가 부모를 선택한 것도 아니다. 우리 모두 부모나 자식을 선택할 수 없는데 장애아를 둔 부모들은 자신의 잘못이 아님에도 불구하고 자녀에게 미안함을 갖고 죄책감을 느낀다. 지인 중에 장애아를 둔 분이 있는데 언젠가 나에게 이런 말을 한 적이 있다.

"장애아를 키우는 부모들이 다시 태어나도 내 아이의 부모가 되고 싶다고 말하는데 저는 그렇게 말하고 싶지 않아요. 제 아이를 너무나도 사랑하지만 장애아를 키우는 것이 무척 힘들기에 이번 생에서만 하고 싶어요."

장애아를 키운 경험이 없음에도 그분의 말이 진심으로 느껴졌다. 담담하게 말하는 그분의 눈빛이 진솔하면서도 인간적으로 보였다. 아이에게 죄책감을 갖는 대신, 힘들면 힘들다고 지인들에게 솔직하게 말할 수 있기 때문에 그분이 오랜 시간 아이를 사랑으로 키울 수 있는 것이 아닐까 싶었다.

경제적으로 어렵게 생활하는 부모도 자녀에게 죄책감을 갖는 경우가 많다. '조금만 더 넉넉했더라면 더 맛있는 음식을 먹이고 더 좋은 옷을 사 입히고 더 좋은 세상을 보여줬을텐데…'라며 말이다.

하지만 물질적인 풍요로움을 제공하는 것이 부모 역할이 아니다. 아이들이 어리거나 철이 없을 때에는 경제적으로 어려운 상황을 창피하게 여기거나 부모를 원망할 수 있다. 하지만 부모가 열심히 인생을 살아가고 자녀를 사랑하는 마음을 표현해준다면 아이들이 성장한 후에는 오히려 부모를 자랑스럽게 생각할 것이다.

이외에도 생활에서 부모가 사소하게 갖는 죄책감이 많다. 한창 뛰어놀 아이들에게 아파트 층간소음 문제를 일으키지 않도록 "뛰지 말라"는 말을 수없이 할 때마다 부모는 아이들에게 미안함을 갖는다. 외동인 자녀가 외로움을 느낄 때 더는 자녀를 가질 수 없는 부모는 아이에게 한없이 미안한 마음을 갖는다. 부모는 신이 아니다. 부모가 자녀에게 모든 것을 해줄 수는 없다. 아이가 힘든 일을 겪거나 어려운 상황에 직면하는 것이 전적으로 부모 탓인 것도 아니다. 그러니 부모로서 죄책감을 갖지 말고, 자녀를 마음껏 사랑하고 그 마음을 일상에서 자주 표현하길 바란다.

부모가 불안할수록
아이는 불행해진다

2021년 가을, 우리나라에서 제작한 드라마 <오징어 게임>이 세계적으로 뜨거운 반응을 얻고 있다. 원래 '오징어 게임'은 대략 1970년대를 전후로 아이들이 밖에서 즐겨하던 놀이였다. 당시에는 가정에 텔레비전조차 보급되지 않았던 시절이어서 아이들은 학교에서 돌아오면 당연하다는 듯이 동네에 모여 다양한 놀이를 했다.

　<오징어 게임>에 나오는 '무궁화꽃이 피었습니다' 놀이는 남녀노소 어울려 할 수 있을 만큼 쉽고, 많은 인원이 함께 즐길 수 있다. 한국에서 어릴 때 이 놀이를 해보지 않은 사람이 없을 것이다. 이외에도 드라마에 나오는 구슬치기, 줄다리기도 당시 어린 시절을 보낸 사람들이라면 지역을 막론하고 공감하는 놀이다. 학교에서 돌아오면 책가방을 집어 던지고 집 밖으로 뛰어나가 친구들과 실컷 놀았다. 해 질 무렵 엄마가 이름을 부

르면 그때서야 집으로 들어오던 시절이었다. 지금 50대들이 어릴 때를 추억하며 정말 즐거웠다고 하는 이유도 원 없이 집 밖에서 몸으로 부대끼며 놀았던 추억 때문이리라. 50년이 지난 지금 우리 아이들은 그때보다 물질적으로 더 좋은 세상에 살고 있으니 더 많이 행복할까?

우리나라 아이들의 행복 지수는 왜 낮을까?

OECD에서 조사한 학생들의 행복 지수에서 우리나라가 최하위권에 있다는 기사를 몇 년째 본다. 국가는 나날이 발전하고 부모의 학력은 점차 높아지는데 왜 우리 아이들의 행복 지수는 여전히 최하위에 머물러 있을까? 아이들의 행복을 바라지 않는 부모가 있을까? 그런데 왜 아이들은 자꾸만 행복에서 멀어지고 스트레스가 많아지는 것일까? 부모가 생각하는 아이들의 행복이 너무 미래에만 맞춰져 있어서 그런 것은 아닐까?

유치원이나 초등학교에 다니는 아이들을 보며 일찌감치 아이의 미래를 설계하고 직업도 미리 정해두는 부모가 적지 않다. 목표를 정하고 나니 부모로서 계획이 어긋나지 않도록 서두르고 싶은 마음이 드는 것은 당연하다. 중요한 한 가지를 놓치고 있다는 생각은 하지 못한 채 말이다. 아이의 미래를 위한 계획이 과연 아이의 의견이 반영된 것인지, 혹은 아이가 진심으로 원하는 바인지를 진지하게 생각하지 않는다는 점이다.

아이가 어려서 미래를 생각할 능력이 안 된다고 생각할 수 있다. 그렇다면 스스로 미래를 생각하기에도 이른 나이인 아이를 보며 부모가 벌써부터 미래를 걱정하고 대신 의사결정을 해도 되는 것일까?

아이와 함께 시간을 보내며 무엇을 할 때 아이가 좋아하는지, 어떤 일에 흥미와 관심을 보이는지를 살펴보는 부모가 되면 좋겠다. 세상에 직업이 어디 의사, 법조인, 교수, 기업가뿐이겠는가? 한국전쟁 이후 먹고살기 힘든 세상을 거쳐온 20세기 부모들은 자녀가 커서 돈 잘 버는 직업을 갖는 것이 자녀의 행복이라고 생각했다. 돈이 가져다주는 행복을 무시할 수 없지만, 돈이 전적으로 행복을 가져다주는 것도 아니다.

대학 다닐 때 친구네 언니가 의대를 자퇴했던 기억이 문득 떠오른다. 부모의 바람대로 의대에 진학했지만 적성에 맞지 않아서 내내 괴로워하다가 결국 본과 3학년인가 4학년 때 자퇴를 하게 되어 가족이 충격이라는 말을 친구가 했다.

최근에 만난 지인은 남편이 의사인데 적성에 맞지 않아서 조만간 병원을 그만두고 자신이 좋아하는 일을 하겠다고 해서 걱정이라고 했다. 우리는 늘 성공한 사람들의 이야기에만 관심을 두다 보니, 특정 직업에 대한 고정관념을 갖거나 특정 직업인은 모두 행복할 것이라고 착각한다. 조금만 주변 사람들의 목소리에 귀를 기울여보면 적성에 맞지 않은 일을 오래도록 하는 것이 얼마나 괴롭고 힘든지 알 수 있다.

사람의 적성이나 관심사는 언제든지 달라질 수 있다. 세상에 나와 무궁무진한 경험을 맞이할 아이들의 흥미나 관심사는 한 해 한 해 성장하면서 수없이 달라진다. 아이들이 성장하는 동안 우리 사회도 시시각각 바뀌어 사람들이 선호하는 직업이 달라지고 과거에 예측하지 못한 새로운 직업이 많이 생긴다. 이런 상황에서 부모가 미리 20년 후를 예단해서 아이의 인생을 설계하고 학업에만 매진하도록 강요할 필요가 있을까?

아이들에게는 어른의 시각에서 볼 수 없는 그 시기만의 감성과 호기심이 존재한다. 친구들과 함께 몸으로 부대끼며 즐겁게 노는 것이 어른에게는 참으로 낯선 부분이다. 아이들은 놀면서 티격태격 싸우더라도 놀이를 지속하는 행복감을 위해 쉽게 화해하고 다시 어울려 논다. 어른들처럼 복잡하게 생각하지 않고 오래도록 놀고 싶은 마음에 양보하기도 하고 손해를 보면서도 툭툭 털고 그냥 노는 것에 몰두한다. 어린 시절의 이런 소중한 경험을 가진 지금의 50대들이 잔혹한 사회 메시지를 담고 있는 <오징어 게임>에 나오는 여러 놀이를 보며 잠시나마 회상에 잠기기도 했을 것이다.

아이의 행복에 우선순위 두기

우리 사회는 점점 경쟁 중심으로 치닫고 있다. 대학을 졸업해도 취업하는 게 하늘의 별 따기만큼 어렵다고 하니 부모의 근심은 더 늘어가고 불안한 마음이 드는 것도 당연하다. 경쟁을 혐오하면서도 우리 모두 은연중에 경쟁의 가속화에 한 발 얹고 있는 건 아닐까? 불안한 마음에 아이들을 공부에만 집중하도록 채근하여 어느새 아이들 얼굴에서 웃음을 보기가 어려운 상황을 만들고 있는 것은 아닌지 되돌아보았으면 좋겠다.

초등학교 돌봄 프로그램에서 교육 봉사를 하는 제자가 들려준 말이 있다. 그가 만난 초등학교 저학년 학생 중 한 명은 엄마가 90점 이상의 점수를 받을 때만 칭찬을 해줘서 85점을 받은 지난 시험에 칭찬을 못 받아 엄청 속상해했다는 것이다. 다른 아이들도 시험이 끝나면 언제나 엄마의 잔소리가 시작되어 일상이 잔소리의 연속이라는 것이다. 아이들의 삶 주변에 많은 것이 호기심 대상일 수 있는데 우리는 그 모든 것들을 차단한 채 공부와 시험 성적만을 강요하며 아이들이 누려야 할 행복을 뺏고 있는 것은 아닐까?

경쟁에서 조금은 자유로워지자고 부모인 지인들에게 말하면 이구동성으로 이렇게 말한다.

"머리로 이해가 되는데 마음으로는 불안해서 도저히 안 되겠어요"

같은 사회를 살아가는 사람으로서 그들이 갖는 불안감을 충분히 이해한다. 그런데 너도나도 불안감을 안고 살아가면 부모와 아이들 모두 행복은커녕 더 불행해지는 것이 아닐까? 마치 <오징어 게임>에서 시청자 눈에 보이는 파국을 드라마 속 사람들만 모른 채 경쟁에서 살아남고자 아등바등하는 것처럼 말이다.

배움 중심 교육을 추구하고 내 삶에서 실천하고자 노력하는 나는 수업에서 만나는 학생들, 그리고 부모인 지인들에게 기회가 될 때마다 경쟁에서 자유롭도록 우리 스스로 용기를 내자고 말한다. 쉬운 일이 아니기 때문에 "용기를 내자"고 말하는 것이다.

혼자서는 당연히 힘이 미약하고 심리적으로 불안하니 사회의 연대가 필요하다. 12년 교육이 끝난 후 아이의 모습이 어떨지 알 수 없는데 '명문대'라는 목표를 정해두고 목표에 실패할까봐 전전긍긍하기보다, 아이

의 행복을 우선순위로 두고 그 나이에 경험할 수 있는 소중한 일상을 쥐
어주는 용기를 내는 부모가 많아지길 진심으로 바란다.

누구의 부모가 아닌
내 이름으로 불릴 때

나는 아이를 참 좋아한다. 어릴 때부터 아이를 보면 예뻐라 하며 아이 옆을 맴돌았다. 명절에 사촌 언니와 오빠들과 놀다가도 아기인 사촌 동생이 오면 예뻐서 한동안 안아주고 어설픈 자세로 업어주기도 했다. 아기가 젖병을 들고 분유를 먹으면 옆에 쪼그리고 앉아서 지켜보고, 때로는 젖병을 대신 들어주며 아기를 돌봐주었다. 아기에서 아이로 성장한 사촌 동생들과 놀아주는 것도 또 다른 즐거움이었다.

대학을 졸업하면 일찍 결혼해서 아이를 낳아 키우고 싶었는데 공부하다 보니 결혼도 늦었고 출산은 더 많이 늦었다. 아이가 태어날 무렵, 박사 과정 논문을 쓰고 있었는데 태어난 아이가 너무 이쁘고 신기해서 좀처럼 논문 쓰기에 집중하기가 어려웠다. 온종일 아무것도 안 하고 아이 얼굴만 쳐다보고 싶을 만큼 한없이 좋았다.

아이가 태어나면서 내 삶에 다양한 변화를 맞이했는데, 그중 하나가 또 하나의 이름이 생겼다는 것이다. 아이가 생기면서 자연스럽게 갖게 된 '○○엄마'가 또 다른 이름이 되었다. 당시 기혼자가 가족들과 거주할 수 있는 학교 기숙사에 살았는데, 임신 5개월 무렵 우리 집 근처에 이사 온 한국 유학생 가족과 인사하게 되었다. 첫 만남에서 이런저런 이야기를 나누던 중에 이사 온 가족에게 서너 살 정도의 귀여운 연년생 아들 둘이 있음을 알게 되었다. 상대방은 자신을 "○○엄마예요"라고 소개했다. 나도 임신한 상황을 말하며 "○○엄마예요"라고 말했다. 지금 생각해보면 아이가 아직 태어나지도 않았으니 그냥 내 이름을 말해도 됐는데 그 생각을 못 한 채 기다렸다는 듯이 누구의 엄마라고 냉큼 말한 것이다. 왜 나는 그때 내 이름 대신 아이의 엄마로 소개했을까?

여느 부모가 그러하듯이 아이가 태어나면서 내 인생에 소중한 사람 1순위는 배우자도 아니고 부모님도 아닌 아이다. 하지만 남편에게 1순위는 아이가 아닌 나다. 아이보다 나를 더 소중하게 생각하는 남편에게 한없이 고맙고 미안하지만 여전히 나에게 1순위는 아이다. 남편에게 소중한 사람 1순위를 내가 아닌 아이로 바꾸라고 진심으로 얘기해도 남편은 자기 마음이라며 내버려 두라고 할 뿐이다. 남편은 나와 달리 아이 자체에 대한 애정이 크지 않다. 내가 아이를 원하지 않았으면 아이 없이 살자고 했을 사람이다. 연애 시절 남편은 부부가 아이를 낳고 키우면서 부부의 삶이 점점 사라지고 아이만 남는 인생을 보내고 싶지 않다는 말을 종종 했다. 설사 아이가 있어도 아이 중심의 삶이 아니라 부부와 아이가 함께하는 삶이길 바란다고 했다.

결혼하고 아이를 낳으면 아이 중심으로 사는 우리나라 문화에서 부부 중심의 삶을 말한 남편의 생각이 당시에는 상당히 신선하고 좋았다. 그럼에도 불구하고 아이를 내 인생에서 가장 소중하게 생각하는 내 마음은 연애 시절에도, 출산 이전에도, 출산 이후에도 전혀 변하지 않았다. 아이를 낳고 보니 아이를 위해서 목숨도 기꺼이 줄 수 있다는 말이 어떤 의미인지 더 실감했다.

'나'를 찾는 길

아이가 태어나고 일 년이 채 되지 않을 무렵 나는 귀국했고 대학에서 강의하는 직장인이 되었다. 학교에 가면 나는 당연히 '○○엄마'가 아닌 '윤순경'으로 인식되고 누구를 만나든 내 이름을 말했다. 집에 돌아와서도 내 삶은 엄마로서의 삶보다 박사로서의 삶에 더 치우쳐 있었다. 논문을 쓰고 강의 준비하는 시간이 훨씬 많았다. 주중에 아이는 같은 아파트에 사는 부모님 댁에서 생활했다. 나는 학교에서 돌아오면 아이를 보러 잠시 부모님 댁에 들러 한두 시간 온몸으로 놀아준 후 집에 와서 내 일에 매진했다. 당시 내 삶은 아이 엄마이지만 엄마 같지 않은 삶이었다. 부모님의 사랑과 헌신 덕분에 가능했기에 늘 감사한 마음이다.

3년 반 정도 '윤순경'의 삶에 치우쳐 살다가 남편의 직장 때문에 영국으로 가게 되었다. 그동안 일 때문에 바쁘다는 핑계로 아이와 많은 시간을 함께하지 못해 아쉬웠던 나는 영국 거주 초기에 온종일 아이와 함께 보내며 꿈같이 행복한 날들을 보냈다. 누가 물어보는 것도 아닌데 나 스스로 '○○엄마'라는 단어를 매일 떠올리며 나도 모르게 내 이름을 조금씩 밀어내고 있었다.

이런 내 삶이 영원히 행복할 것 같았는데 신기하게도 6개월이 지나니 '○○엄마'라는 단어가 더는 매력적이지 않았다. 한 아이의 엄마라는 것은 여전히 기분 좋고 행복한 일이지만 시간이 지나면서 잊힌 '나'를 그리워하고 있음을 깨달았다. 그 무렵 무보수이긴 하지만 영국의 한 대학에서 연구원Associate Researcher으로 프로젝트에 잠시 참여할 기회가 있었다. 강의할 수도 있다는 말에 강의 계획서를 준비하며 상당히 들떠 있기도 했다. 결국 내 비자가 워킹 비자가 아니라는 이유로 강의는 무산되었지만 준비하는 것만으로도 '나'를 되찾는 기분이 들어 신이 났다.

'나'를 찾는 것이 반드시 직장을 가져야만 가능한 것은 아니다. '나'를 찾는 방법은 정해진 것이 아니라 무궁무진하다. 부모로서 아이의 관심과 흥미가 무엇인지에만 초점을 두지 말고 자신이 하고 싶은 일이 무엇인지 고민하고 시간과 노력을 쏟는 것이 필요하다. 부모가 자신의 삶을 주체적으로 살아갈 수 있어야, 아이도 자신의 삶을 주체적으로 살 수 있다. 사람의 관심사나 흥미는 나이가 들면서 얼마든지 바뀔 수 있다. 예전에는 전혀 관심이 없던 공방 작업에 나이가 들면서 호기심이 생기고 직접 만들어보고 싶을 수 있다. 커피를 좋아하여 매일 마시다 보니 바리스타가 되고 싶다는 생각을 자연스레 가질 수도 있다.

요즘은 다양한 평생교육기관이 많이 생겨 마음만 먹으면 원하는 교육 프로그램을 배울 수 있다. 배우고 싶은 것이 있을 때 아이 양육을 생각하며 주저하기보다 아이 양육과 병행할 수 있는 방법을 모색하여 자신에게 의미 있는 삶을 조금씩 실천하는 것이 바로 '나'를 찾는 길이다.

간혹 자녀를 다 키우고 나서 우울증을 겪는 부모들을 볼 때가 있다. 아이 양육에 혼신을 기울이는 부모일수록 아이가 성인이 되었을 때 그동안 자신의 삶은 무엇이었는지 생각하며 허탈해한다. 아이의 미래에 대한 바람이 제대로 이루어지지 않을 경우에 부모는 자녀를 양육하며 보냈던 자신의 삶이 통째로 부정당하는 기분이 들기도 한다. 자녀의 삶이 부모의 삶을 좌지우지하는 것이 과연 바람직한 모습인지 우리 모두 생각해볼 문제다.

나는 평소에 아이에게 이 말을 자주 한다.

"너는 네 인생을 살고, 엄마는 엄마 인생을 사는 거야. 그러니 엄마에게 뭘 해달라고 말하지 말고 네가 할 수 있는 일은 알아서 하렴."

내가 '나'로서 온전히 존재하고 내 삶을 살아나가고 있음을 아이가 인식하면서부터 아이는 나에게 의존하는 것을 줄이고 좀 더 주체적으로 자신의 삶을 살아가고 있다.

○

2부

비판적 사고로
세상과 교육을 바라보기

세상에
당연한 것은
없다

"학창 시절에 지금처럼 비판적 사고를 할 수 있었다면 제 삶이 좀 더 달라졌을 거예요."

학생들이 내 수업을 통해 비판적 사고의 중요성을 깨닫는 과정에서 종종 하는 말이다. 비판적 사고는 당연하다고 인식되는 것에 대해 '과연 당연한가?'라는 질문을 하는 것이다.

학생은 학교에서 당연히 공부에만 집중해야 하는가? 학생은 공부에 집중하기 위해 정치와 사회에서 일어나는 일들에 당연히 무관심해야 하는가? 공부에 방해받지 않기 위해 학교폭력이나 친구들의 갑질을 당연히 외면해야 하는가? 성적이 우수한 학생만 당연히 학교장 추천을 받아야 하는가? 학교는 당연히 서열을 정하고 경쟁하는 곳인가? 서열과 경쟁에서 이기기 위해 당연히 암기식 시험을 거쳐야 하는가? 시험은 당연히 공정한가? 모든 과목에서 당연히 좋은 성적을 거둬야 하는가?

비판적 사고로 우리가 지나왔던 교육환경을 되돌아보면 '과연 당연한가?'라는 질문이 쏟아진다. 하지만 우리 세대뿐 아니라 지금의 많은 학생 또한 그런 질문들을 거의 해본 적이 없는 상태로 고등학교를 졸업하고 사회로 나온다. 사회는 학교보다 고정관념과 편견이 많고 경직되어 있으며 불평등과 차별이 만연하다. 아스팔트와 같이 견고한 기득권 시스템에서 이제 막 비판적 사고를 가진 사회 초년생이 할 수 있는 일이 무엇일까?

학생 때부터 비판적 사고를 경험한다면

"저만 달라지면 뭐 해요? 세상은 그대로인걸요. 비판적 사고로 생각하고 행동하면서 제가 다치거나 스트레스받느니 차라리 예전의 저로 살아갈래요."

비판적 사고를 갖고 사회 부조리를 하나씩 개선해 나가자고 제안하는 사회문화관점에 대해 학생들은 공감하면서도, 한편으로는 이처럼 회의감이 가득하다. 학생들의 잘못이 아니므로 충분히 이해가 된다.

나는 우리나라 학생들이 초중고등학교를 다니는 12년 동안 비판적 사고를 지속적으로 경험할 수 있어야 한다고 생각한다. '비판적 사고'라는 교과목을 만들자고 주장하는 것이 아니다. 비판적 사고는 어떤 교과목이든지 적용할 수 있기 때문에 한정될 필요가 없다. 학교생활 중에 일어

비판적 사고로 우리가 지나왔던 교육환경을 되돌아보면
'과연 당연한가?'라는 질문이 쏟아진다.

하지만 우리 세대뿐 아니라 지금의 많은 학생 또한
그런 질문들을 거의 해본 적이 없는 상태로
고등학교를 졸업하고 사회로 나온다.

**사회는 학교보다 고정관념과 편견이 많고,
경직되어 있으며 불평등과 차별이 만연하다.**

12년 공교육을 받는 동안 체제 순응으로
자란 수많은 학생이 성인이 되어
지금 사회의 여러 상황에서
가해자이자 피해자가 되고 있다.

나는 갈등이나 여러 사건에도 교사가 학생들에게 비판적 사고를 제안하고 대화를 나누며 함께 성찰할 수 있다.

학생들이 이러한 비판적 사고를 자연스럽게 경험한다면 나중에 사회인으로서 살아갈 때 사회 부조리를 바꾸는 데도 더 긍정적인 영향력을 발휘할 수 있지 않겠는가? 예를 들어, 중고등학교 시절 경쟁과 서열에 초점을 둔 상대평가를 받았다면 대학에 와서 갑자기 상대평가를 거부할 수 있겠는가? 교육은 학생들을 서로 비교하는 것이 아니라 각자 배움에 맞게 이루어지는 절대평가를 목표로 한다. 많은 학생이 배워야 할 내용을 제대로 이해했다면 학생 수와 상관없이 모두 100점을 줄 수 있어야 하는 것이다. 학생의 능력을 비교해서 등급으로 나누는 상대평가를 당연하게 생각하다 보니 친구를 경쟁자로 인식하고 타인의 배움에 예민해진다. 상대평가에 익숙한 사람이 성인이 되어 경쟁 중심 교육을 배움 중심 교육으로 개선하자는 목소리에 선뜻 공감하고 연대감을 가질 수 있을까?

우리 모두는 스스로 생각하고 마음에 와닿아야 달라진다

어느 사회나 문제는 늘 존재한다. 비판적 사고가 사회 문제를 만병통치약처럼 해결해주지 않는다. 다만 12년이라는 긴 시간 동안 우리 문화는 학생들에게 비판적 사고 대신 학교와 교육 시스템에 순응하길 암묵적으로 강요하고 있지는 않은지 생각해보면 좋겠다. 누군가는 조용히 학교에 다니면서 지식을 배우는 것이 왜 문제인지 되물을 수 있다. 하지만 12년 공교육을 받는 동안 체제 순응으로 자란 수많은 학생이 성인이 되어 지금 사회의 여러 상황에서 가해자이자 피해자가 되고 있다. 우리 사회에 존재하는 갑질, 각종 폭력, 차별과 배제 문제 들이 어느 날 갑자기 생긴 것이 아니다. 학교도 하나의 작은 사회로서 이런 문제들을 고스란히 안고 있다. 일상생활에서 학생들이 직면한 이런 문제들에 대해 교사와 학생이 함께 비판적 사고로 들여다봐야 한다. 치열하게 고민하고, 논의하며, 주체적으로 해결 방안을 모색하면 좋을 텐데 오히려 쉬쉬하며 숨기거나 외면하는 경우가 많다. 이런 상황을 12년 동안 보며 자란 학생들이 사회에 나와 갑자기 주체적인 사람이 될 수 있을까?

사람은 쉽게 달라지지 않는다. 스스로 생각하고 마음에 와닿아야 달라진다. 생활에서의 경험과 성찰이 무엇보다 중요한 이유다. 나는 학생들이 12년 학창 시절을 되돌아볼 때, 단순히 대학 진학을 위해 지식을 습득했던 시간으로만 기억하기를 원치 않는다. 이제라도 늦지 않았으니 그들에게 주체적인 삶을 제공하는 것이 필요하다. 거창하지 않아도 된다. 교사부터, 부모부터, 교육학자부터 달라지면 된다.

우리 모두 스스로 비판적 사고를 갖고 생각을 달리하자. 그리고 보다 나은 세상과 교육을 위해 삶에서 할 수 있는 것들을 하나씩 수행하자.

○

동기간 서열은
당연한가

초등학교 6학년 형은 2학년 동생이 말할 때마다 팔꿈치를 툭툭 친다. 그럼 동생은 하던 말을 멈추고 입을 닫는다. 우연히 텔레비전에서 본 장면이지만 예사롭게 넘겨지지 않았다. 가정에서도 힘의 역학 관계가 자연스레 나타난다. 반대로 둘째가 힘을 가진 가정도 있다. 집마다 상황이 다르겠지만 일반적인 상황은 다음 두 가지다.

하나는 첫째가 동생을 통제하는 경우다. 첫째가 동생보다 먼저 태어나 아는 것도 많고 여러 경험이 많다는 이유로 동생에게 이래라저래라 참견하는 일이 많다. 틀린 것은 아니지만 당연하다고도 생각하지 않는다. 동생이 잘 모르면 첫째가 도움을 주거나 가르쳐줄 수 있다. 이를 위해 흔히 부모가 "언니, 오빠, 형, 누나에게 물어봐"라는 말을 둘째에게 자주 한다. 이 좋은 의도가 자칫하면 첫째가 둘째를 함부로 대해도 된다거나 통제할 수 있다는 고정관념을 심어줄 수 있다. 동생이 잘 모르기에 도움을 요청하거나 묻는 것인데 "그것도 몰라?"라거나 "그렇게 말하면 안 돼"라고 무안을 주면 둘째는 은연중에 위축되고 어느 순간부터 자기의 생각을 말하는 것을 주저한다. 이런 상황이 쌓이면 첫째는 자기의 생각은 언제나 옳고, 동생은 자기보다 능력이 부족하다고 생각하기 쉽다. 모두가 평등하고 서로 존중해야 할 가족 구성원임에도 첫째가 힘을 갖게 되고 둘째는 상대적으로 힘을 갖지 못하는 서열 중심의 문화가 가정에서부터 자연스레 고착화되는 것이다.

두 번째는 둘째가 오히려 힘을 갖게 되어 첫째를 힘들게 하는 경우다. 오래전 해외에서 거주할 때 잠시 알고 지내던 지인은 두 명의 딸을 두었다. 첫째와 둘째의 나이 차이가 네다섯 살 정도였다. 당시 서너 살이었던 둘째는 무언가 마음에 들지 않아서 울고 있었다. 아이 엄마는 첫째를 쳐다보며 "그냥 원하는 대로 해줘"라고 말했다. 이와 같은 상황을 몇 번 더 지켜보게 되었다. 지인은 어떤 상황인지 알아보려는 시도 대신 첫째에게 "네가 언니니까 동생이 원하면 양보해줘야지"라는 말을 당연하다는 듯이 했다. 언뜻 보면 자매간의 우애를 위해 큰아이가 동생에게 양보해줄 수 있는 상황으로 보이지만, 한두 번도 아니고 매번 그런 일이 생기면 과연 부모의 바람대로 자매간에 우애가 생길까? 여덟 살 아이가 엄마로부터 동생에게 양보하라는 말을 듣는 순간, 화난 얼굴로 쏘아보던 표정이 아직도 눈에 선하다. 내 눈에 보이는 아이의 속상함이 왜 부모 눈에는 보이지 않는 것일까?

주위에 둘째를 낳고부터 무조건 둘째가 첫째보다 이유 없이 좋다고

무엇보다 나는 가정에서
통제나 갑질을 인식하지 못한 채
그것에 익숙해지는 것이 불편하다.

통제나 갑질이 사회에만 존재하는 것이 아니다.
사람이 둘 이상 모이는 곳 어디든 존재할 수 있다.

동기간이 서로 어떻게 대하는지는
부모의 역할에 따라 좌우된다.
나이에 따른 서열에 치중하거나
어리다는 이유로 무조건 옹호하는 대신,
하나의 인격체로서 존중하는 것이 중요하다.

말하는 이들이 많다. 그들은 첫째가 사소한 실수를 하면 눈을 부라리고 야단을 치다가도 둘째에게 고개를 돌리면 언제 그랬냐는 듯이 함박웃음을 짓는다. 첫째가 사랑을 독차지하다가 동생이 태어나면 소아 우울증에 걸리거나 스트레스받는 일이 생긴다는 언론 기사들이 낯설지 않다. 부모의 의도치 않은 이런 차별로 둘째는 커가면서 첫째를 자기 마음대로 해도 되는 사람으로 생각하기 쉽다. 원하는 것을 얻을 때까지 쉽게 떼쓰거나 첫째에게 "야!" 혹은 "너!"라는 호칭을 쓰며 화내기도 한다.

둘 이상 모이는 곳 어디든 통제나 갑질은 있다

어릴 때는 누구나 동기간에 아옹다옹하며 자라는 거라고, 그것까지 예민하게 반응해야 하는 거냐고 물을 수도 있다. 물론 어느 집이나 아이들은 티격태격하고 화해를 반복하며 자라기 마련이다. 그다지 문제가 되지 않을 수도 있지만 모든 가정의 상황이 같지는 않다. 아이들이 자라면서 받는 상처를 별거 아닌 것으로 치부한 것은 아닌지 부모들이 생각해볼 필요가 있다.

무엇보다 나는 가정에서 통제나 갑질을 인식하지 못한 채 그것에 익숙해지는 것이 불편하다. 통제나 갑질이 사회에만 존재하는 것이 아니다. 사람이 둘 이상 모이는 곳 어디든 존재할 수 있다. 동기간은 서로 존중하는 관계이지, 나이가 많다 혹은 적다는 이유로 힘을 갖고 함부로 해도 되는 관계가 아니다. 동기간이 서로 어떻게 대하는지는 부모의 역할에 따라 좌우된다. 나이에 따른 서열에 치중하거나 어리다는 이유로 무조건 옹호하는 대신, 하나의 인격체로서 존중하는 것이 중요하다. 매사에 "언니니까" 혹은 "동생이니까"라는 말 대신 상황마다 무엇이 문제인지, 누가 잘못했는지, 왜 이런 상황이 생겼는지 등을 함께 생각하고 대화로 풀어나가길 바란다. 이런 의미에서 나는 언제부턴가 '형제자매'라는 단어보다 '동기간'이라는 단어를 선호하고 자주 사용한다.

내 아이 인격만큼 소중한 타인의 인격

40대인 내가 어렸을 때인 1980년대를 되돌아보면 "아이들 기죽이지 마세요"와 같은 말은 들어본 기억이 별로 없다. 물론 어느 시대나 아이들이 타인에게 불편을 주는 행동을 하더라도 그냥 두는 부모는 있게 마련이다. 다만 1970~80년대는 사회적으로 그런 표현들이 만연하지 않았다. 2000년대 들어서면서 '내 아이 기 살리기'가 부모 사이에서 경쟁이 되어 버린 듯하다.

지하철, 식당, 공원 심지어 엘리베이터 등과 같은 공공장소에서 눈살을 찌푸리게 행동하는 아이들을 버젓이 두고 보는 부모에 관한 신문 기사들이 이제는 지겹기까지 하다. 공공장소에서 예의를 지키지 않는 아이들의 엄마를 지칭하는 '맘충'이라는 말은 이제 낯설지 않다. '맘충'이라는 표현은 분명히 일부 엄마들을 지칭하는 단어임에도 불구하고, 자녀를 둔 엄마 집단과 나머지 집단 사이를 대립 구도로 만든다. 안타까운 현실이다.

해도 되는 것과 하면 안 되는 것 일러주기

내가 생각하기에 그건 일부 엄마들에만 해당하는 문제는 아니다. 우선 자녀를 가진 부모, 즉 이 글을 쓰고 있는 나를 포함한 우리가 같이 생각하고 노력해야 하는 문제다. 우리는 은연중에 '나는 맘충 정도는 아니야'라고 생각하는지 모른다. 예를 들면, 아이가 공공장소에서 시끄럽게 하면 세 번 중 한 번은 야단을 치므로 예의를 가르치는 엄마라고 생각할 수 있다. 나는 아니라고 생각한다. 누군가 이렇게 반문할 수 있다.

"그럼 아이들이 시끄럽게 할 때마다 매번 못 하게 하라고? 그게 가능한가?"

대답부터 하자면 불가능하다고 내버려 두는 것이 아니라 노력하면 가능하다. 걸음마를 시작하면서부터 아이들은 세상이 신기하다는 듯, 돌아다니면서 이것저것 만지기 시작한다. 이런 경우, 엄마가 아이에게 어떤 것은 만져도 되고 어떤 것은 만지면 안 되는지 알려줄 필요가 있다.

내 경험을 예로 들면, 나는 아이가 아장아장 걷기 전부터 양가 할머니 집의 화장대에 절대 손대면 안 된다는 것을 말해주었다. 아이는 각종 색깔과 다양한 크기의 화장품병들이 옹기종기 놓여있는 화장대가 신기했던지, 언제부턴가 그 앞에 서서 물건을 쳐다보기 시작했다. 그럴 때마다 아이에게 "여기 있는 물건은 만지면 안 돼"라고 부드럽게 알려주었다. 내 아이가 유난히 순했을 수도 있지만, 신기하게도 아이는 화장대에 손을 거의 뻗지 않았다. 아이가 어쩌다 화장대의 물건을 만지작거리면 나는 아이 손을 살짝 잡으면서 "안 돼요"라고 말했다. 양가 할머니들은 "애들이 다 그렇지"라며 놔두라고 하셨지만, 난 그렇게 할 수 없었다. 아이가 식당에서 앉아있지 않고 돌아다니려고 해도 난 매번 "그러면 안 된다"라고 얘기하며 앉아있도록 했다. 이때 나만의 원칙은 아이에게 절대 화를 내지 않는 것이었다.

운이 좋아 순한 아이를 만나서 화낼 일이 없었을지도 모른다. 아이의 성향에 따라 다를 수 있겠지만, 부모가 감정적이지 않도록 노력하면서 아이와 대화하는 것이 중요하다. 매번 아이에게 같은 주의를 반복하는 것이 귀찮거나 짜증 날 수 있지만, 공공질서를 지키는 시민의식을 어릴 때부터 자연스레 키워주는 것이 중요하다. 이것이야말로 아이들에게 서로를 존중하고 배려하는 공동체를 물려주는 선물이 아닐까 싶다.

많은 사람이 이제 돌 지난 아이가 호기심으로 하는 행동이니 좀 더 크면 안 그럴 거라고 생각한다. 틀린 생각은 아니다. 그런데 중요한 것은 화장대 위 물건을 만지고 안 만지고가 아니다. 자신의 행동에 제약받지 않는 아이들이 커가면서 자기가 하고 싶은 것은 뭐든 해도 된다고 생각하는 것이 문제다. 아이들이 성장하면서 부모의 영향 밖에 노출되는 횟수가 많아지므로 부모가 모든 것을 가르치는 것은 불가능하다. 적어도 부모가 아이에게 어릴 때부터 해도 되는 것과 하면 안 되는 것을 인지하도록 해주면 그 아이가 커서 스스로 판단하게 될 때 이타적인 의사결정을 잘하지 않을까.

"내 아이 기죽이지 마세요"에 대한 비판적 사고

'맘충'이란 표현이 생겨난 데에 우리 사회의 책임도 만만치 않다고 생각한다. 1980~90년대와는 달리, 최근 십여 년 사이에 각종 미디어에 나오는 유아 혹은 청소년 대상 광고들은 '내 아이는 특별해' 혹은 '아이 기죽이지 마세요'라는 의미가 상당히 강조되고 있다. 이러한 광고에 지속적으로 노출되는 부모들은 당연히 '내 아이'만을 생각하고 내 아이의 기를 최대한 살리기 위한 것으로 모든 의사결정을 정당화하게 된다.

광고만이 아니다. 아파트 층간 소음은 해마다 심각성이 커지고 있다. 건설회사가 층간 소음을 막기 위한 노력도 해야 하는데 그렇지 못하다 보니, 개인의 문제로 치부되어 사회문제로 자리 잡고 있다. 현실이 이렇다 보니 층간 소음과 육아, 부모교육은 결코 분리되는 주제가 아니다. 한창 뛰어놀 아이들에게 집에서 뛰지 말라고 말하는 것이 쉽지 않다는 것을 안다. 그렇다고 해서 아이 기를 살리기 위해 마냥 뛰도록 내버려 두는 것이 괜찮다고 말할 수 없다. 부모가 아이 기를 살리는 것이 문제되지는 않는다. 경계해야 할 지점은 내 아이 기를 살리기 위해 타인에게 피해를 주어서는 안 된다는 것이다.

사실 이것을 모르는 부모가 있을까 싶다. 당위적으로는 우리 모두 잘 알지만, 막상 내 아이 상황에 직면하면 달라진다. 이성적인 판단보다 아이가 기죽은 것은 아닌지부터 살피게 되는 것이다. 내 아이가 하나의 인격체로서 소중한 만큼 타인도 하나의 인격체로서 존중받아야 마땅하다. 모든 부모가 자신의 아이를 특별하게 키우면 특별함이 무슨 의미가 있을까? 특출난 아이가 반드시 좋은 아이인가? 미디어에서 하루가 다르게 쏟아지는 콘텐츠는 그 성격상 차별성을 강조할 수밖에 없다. 무분별한 대중매체의 광고와 자녀교육서 내용에 휘둘리기보다 비판적 사고를 갖고 차별을 조장하는 내용들을 걸러낼 수 있는 부모가 많아지길 바란다.

○

좋은 책의
정의는
무엇일까

한때 케이블방송에서 방영하는 <비정상회담> 프로그램을 즐겨 시청했다. 프로그램 이름이 주는 호기심이 컸다. 세 명의 한국 진행자를 제외한 모두가 외국인이었는데 우리말 실력이 토론하기에 전혀 손색이 없어서 무척 놀랐다. 10여 명의 외국인이 모두 남성이었고 아메리카, 유럽, 아시아, 아프리카 대륙의 일부 국가 출신으로 구성되어 있었다.

사실 출연한 외국인들 모두 남성이라는 점이 불편했다. 왜 여성은 한 명도 없는지 무척 궁금했고 상당히 아쉬웠다. 그와는 별개로 우리가 외국인들과 어떠한 점을 비슷하게 사고하고, 어떠한 점들을 다르게 인식하고 있는지 배울 수 있을 것 같아 시간이 날 때마다 프로그램을 시청했다.

이 프로그램의 한 장면에서 "아차!" 했던 때가 있었다. 각국의 유명한 위인을 소개하는 코너였는데, 독일 대표가 슈바이처 박사에 대한 독일인의 자부심을 설명했다. 그런데 프랑스, 이탈리아를 비롯하여 미국과 인도 대표들 모두 슈바이처를 모른다고 말한 것이다. 세 명의 한국 진행자들은 순간 깜짝 놀랐고 정말 모르냐며 되묻기도 했다. 나 역시 처음에는 다소 놀랐다. 그런데 다시 생각해보니 그리 놀랄 일은 아니었다. 나에게도 비슷한 사례가 이미 있었다.

전 세계가 동일하게 배우는 지식이 존재할까?

연구 교수로 국내 한 대학에 3년 동안 재직할 때, 사우디아라비아 유학생들에게 교육학 강의를 제공한 적이 있었다. 언젠가 수업 중에 우연히 이들이 모차르트나 베토벤을 한 번도 들어본 적이 없다는 것을 알게 되었다. 처음에 나는 사우디아라비아 학생들이 우리말이 서툴러 못 알아들은 줄 알았다. 하지만 아니었다. 모두 자국에서 교육에 참여한 12년 동안 두 음악가의 이름을 들어본 적이 없었다. 수업이 끝난 후 나는 사우디아라비아 학생들과의 대화를 곱씹어보았다.

처음에는 '어째서 사우디아라비아에서는 세계적으로 유명한 모차르트와 베토벤을 가르치지 않았을까?'라는 생각을 했다. 하지만 곧이어 비판적 사고로 다시 생각해보니, 아랍권 문화에서 모차르트와 베토벤을 '필수로' 가르칠 필요는 없을 수도 있겠다는 생각이 들었다. 나라마다 문화와 역사가 다르기에 중요하다고 생각되는 지식이 다를 수 있음을 잠시 잊은 것이다. 내가 초등학생 때 우리나라는 군사정권이었기 때문에 애국

군인의 표상이라는 이순신 장군에 대한 글짓기를 매년 했었다. 이순신 장군의 탄생을 기리는 법정 기념일도 있었다. 사우디아라비아는 이슬람교를 국교로 삼고 있기에 그 나라에서 유명한 음악인은 종교와 관련된 사람일 수도 있을 것이다.

나라마다 학생들에게 가르치는 내용이 다르고, 한 국가에서도 시대에 따라 교과 내용이 얼마든지 달라진다. 그런데 공부하던 나조차도 순간적으로 전 세계가 동일하게 배우는 지식이 존재한다고 생각한 것이다. 오랜 시간 비판적 사고를 해왔다고 생각하던 나도 수시로 고정관념을 깨닫는다. 매 순간 내 안에 존재하는 고정관념을 깨닫고, 그것을 하나씩 고쳐나가야 한다는 것을 다시 한번 깨닫는 경험이었다. 삶은 언제나 소중한 배움의 연속이다.

추천 도서목록은 꼭 필요할까?

자녀가 있는 우리나라 가정에서 위인전 전집을 찾기는 그리 어렵지 않다. 내가 어릴 때도 친구네 집에 놀러 가면 우리 집에 있는 것과 유사한 위인전이 있었고, '위인전 이름 대기' 놀이를 자주 했다. 친구와 내가 알고 있는 위인들이 거의 비슷했기에 누군가가 위인전에 없는 낯선 이름을 말하면 상대방은 그 사람은 위인이 아니라고 우기기도 했다. 위인전뿐 아니라 전래동화도 우리 모두 동일한 이야기를 알고 있다. 간혹 책 읽기를 싫어하는 아이들의 경우, 어떤 이야기를 모르면 "넌 그것도 몰라?"

라는 핀잔을 듣기도 한다.

　그런데 왜 우리 모두 동일한 위인과 이야기를 알아야 하는가? 세상이 바뀌어서 요즘은 다양성을 강조하고 다양한 해석이 가능함을 알지만, 여전히 교육에는 위인전이나 문학작품에 정해진 '목록'이 존재한다. 그 목록이 우리에게 꼭 알고 있어야 하는 지식으로 비추어질 수 있음을 깨닫지 못한다. 위인으로 누구를 선정하고, 누구를 제외할 것인가가 결코 중립적일 수 없다. 그런데 우리는 그것에 의문을 품어본 적이 없다.

　문득 남편 직장 때문에 영국에 3년 거주했을 때가 생각난다. 그 무렵 아이는 영국 공교육이 시작되는 만 4세가 되어 학교를 다녔는데, 3년 동안 한 번도 위인전 목록이나 영국 고전 목록 같은 것을 본 적이 없었다. 학교에서 매일 30분부터 1시간 정도 책 읽기 과제가 있었는데 어떤 종류의 책을 학생들이 선택하는지에 교사는 전혀 관여하지 않았다. 교사가 강조한 것은 단 하나 '아이가 좋아하는 책'을 읽게 하는 것이었다. 간혹 부모 중에는 자신의 아이가 공상 과학 관련 책만 읽는다든지, 유머러스한 책만 읽어서 걱정이라며 교사와 상담하는 사람이 있다.

　흥미로운 점은 대부분 교사가 우려를 표하는 부모를 안심시키며 아이가 읽고 싶은 책을 마음껏 읽게 두어도 괜찮다고 말했다는 것이다. 다양한 책을 읽히고자 하는 마음에 아이가 좋아하지 않는 주제의 책을 억지로 읽힐 필요는 없다는 말도 함께 했다. 초등학교 저학년이어서 교사들이 그렇게 말했을지도 모른다. 교사의 이런 얘기를 반신반의하는 부모들이 있는가 하면, 다행이라며 아이가 읽고 싶은 책을 읽도록 마음 편히 지켜보는 나 같은 부모도 있었다. 나는 아이가 중고등학생이 되어도 위인전을 반드시 읽어야 한다거나 유명한 고전 문학 작품들을 무조건 읽어야 한다고 말한 적이 없다. 남들이 알고 있다는 이유로 읽는 것보다, 필요에 따라 위인이나 문학 작품을 접할 때 하나씩 배워나갈 수 있기 때문이다.

엄마,
흥부는 착하고
놀부는 나빠?

"엄마, 흥부는 착하고 놀부는 나쁘지?", "백설공주는 착한데 마녀는 나빠, 그렇지?" 아이가 어릴 때 책을 읽거나 애니메이션을 보면서 내게 자주 하던 말이다.

　동서양을 막론하고 아이들이 접하는 책은 대체로 권선징악을 주제로 한다. 그러니 당시 아이에게 세상은 착한 사람과 나쁜 사람, 딱 두 종류의 사람만 있던 것이다. 아이에게 흑백 논리나 이분법 사고를 심어주고 싶지 않아서 이런 말을 들을 때마다 상당히 고민되었다. 아이 말을 맞다고 할 수도 없고, 그렇다고 대여섯 살밖에 안 된 아이에게 무조건 한 사람이 옳고 다른 사람이 틀렸다고 말하는 것은 매우 위험한 생각이라고 말해주기도 어려웠다. 아이에게 어떻게 말해주는 것이 좋을지 고민하기 시작했다.

'착하다'라는 말 대신에

아이가 말귀를 알아듣기 시작하면서부터 아이와 어떤 대화를 나누었는지 곰곰이 생각해보니 의외로 아이에게 '착하다'라는 말을 해준 적이 없었다. 아이에게 내가 자주 하는 말은 '잘했어'라는 칭찬이었다. 밥을 남기지 않고 다 먹거나, 갖고 놀던 장난감을 정리정돈 한 것을 칭찬해준 기억은 많은데 아이에게 이런 행동을 해서 착하다고 말한 적은 없었다. 아이에게 다른 사람을 지칭하며 이러저러해서 나쁘다고 말해준 기억도 거의 없었다. 그런데 신기하게도 아이는 착하고 나쁨을 말하는 것이다.

아이들이 보는 동화책이나 텔레비전 프로그램은 아이들이 어리다는 이유로 상황을 매우 단순하게 만들다보니 착한 사람과 나쁜 사람, 혹은 우리 편 아니면 적이라는 이분법 구도를 제공하고 있다. 동화책이 아이들에게 사회를 소개하는 통로가 되는 것은 좋지만, 그 과정에서 개인이 처한 상황이나 다른 심리가 설명되지 않고 칼로 무 자르듯이 이분법 사고로 판단되는 것은 우려스럽다.

혹자는 아이들이 아직 어리니 굳이 복잡미묘한 사람의 심리를 언급할 필요가 있냐고 생각할 수 있다. 그런데 어릴 때 생긴 고정관념은 아이가 성장하면서 고착화된다. 성인이 되어 편견이나 고정관념을 바꾸는 일이 너무 어렵다는 것을 삶에서 자주 경험한다. 심지어 자신의 생각이 고정관념인지 편견인지 느끼지 못하는 이들도 많다.

비판적 사고를 도입하는 교육이 증가하고 있다. '고전을 비판적으로 들여다보기'와 같은 수업을 통해 흥부는 착하고 놀부는 나쁜 것이 맞는

동화책이 아이들에게
사회를 소개하는 통로가 되는 것은 좋지만,
그 과정에서 개인이 처한 상황이나 다른 심리가
설명되지 않고 칼로 무 자르듯이 이분법 사고로
판단되는 것은 우려스럽다.

어릴 때 생긴 고정관념은
아이가 성장하면서 고착화된다.

지 갑론을박하기도 한다. 착하고 나쁘다는 의미가 무엇인지 우리 모두 제대로 들여다볼 시점이다. 착한 사람은 언제 어디서나 착하다는 의미일까? 한 사람이 때로는 착할 수도 있고 때로는 나쁠 수도 있지 않을까? 나는 언제나 착한 사람이라고 자부할 수 있을까? 직업이나 학위가 선함의 정도를 보장할까? 착하다고 알려진 사람이 나쁜 행동을 했을 때 무조건 비난하거나 혹은 무조건 감싸는 것이 옳을까? 어느 정도로 착하면 착하다고 판단해도 되는 것일까? '선'의 정의를 생각하면 무궁무진한 질문들이 떠오른다. 타인의 생각이나 행동을 단번에 선과 악으로 판단할 수 없다는 뜻이다.

이분법적인 구별에서 벗어나자

성인의 삶이 복잡미묘하듯이, 아이들의 삶도 그 수준에서 복잡미묘하다. 그런 의미에서 나는 아이가 어렸을 때 주로 질문했던 "○○은 착한 사람? 혹은 나쁜 사람?"이라는 질문에 명확하게 답해준 적이 없다. 대신 "글쎄, 왜 너는 착하다고 생각해? 어떤 점에서?"라는 질문을 아이에게 되묻곤 했다.

예를 들어, 《피노키오》를 읽고 나서 거짓말하는 사람은 나쁘다고 말하는 아이에게 피노키오가 왜 거짓말을 하게 되었는지 물었다. 거짓말하면 어떤 일이 생기는지 아이가 생각해보기를 원했다. 아이에게 어릴 때부터 자주 해준 말 중 하나가 "엄마가 너를 믿지 못하는 순간이 오는 것이 가장 두려워"였다. 매사에 아이가 엄마에게 솔직할 수는 없겠지만, 가능한 한 솔직하면 좋겠다고 기회가 될 때마다 말해주었다. 거짓말하는 행동이 나쁘니 들키지 않기 위해 또 다른 거짓말을 하기보다, 거짓말할 수밖에 없는 상황을 부모에게 말해주면 좋겠다는 말도 덧붙였다.

지나고 보니 아이가 초등학생일 때 이런저런 사소한 얘기들을 내게 가장 많이 했던 것 같다. 저학년일수록 아이의 감정은 솔직하면서도 단편적이고, 타인에 대해 말할 때도 '좋다', '나쁘다'와 같이 이분법적으로 생각했다. 그럴 때마다 아이의 얘기에 공감하면서도 한편으로는 꼭 그렇게만 생각할 것이 아니라고 말해주었다.

매번 아이가 내 말을 귀담아들은 것은 아니다. 어떤 경우에는 엄마가 자식보다 친구의 입장을 더 잘 이해한다면서 서운해하기도 했다. 그럼에도 나는 무조건 아이 입장에서 옳다, 그르다를 말해주기보다 여러 상황을 생각해보고, 사람의 일이란 한 면만으로 이해하기 어렵다는 것을 조금씩 깨닫기를 바랐다. 내 바람이 어느 정도 통했는지 요즘 고등학생인 아이는 사람들의 행동이나 상황에 대해 "그럴 수 있지" 혹은 "그럴 수 있겠네"라는 말을 자주 한다. 고마운 순간이다.

○

외모에 대한
칭찬이
불편한 이유

"운동선수인데 얼굴도 예쁘네요", "요즘은 우리도 잘생긴 사람들이 운동하는 선진국형인가 봐요", "운동도 잘하는데 외모까지 훈훈해서 기분 좋네요."

코로나 시국에 열린 2020 도쿄 올림픽에서 우리 선수들이 금메달을 따니 인터넷 여기저기서 이런 칭찬들이 보인다. 금메달을 딸 만큼 땀 흘리며 연습한 결과이니, 얼마든지 칭찬을 받을 만하다. 그런데 왜 운동에 그치지 않고 외모에 대한 칭찬을 앞다투어 하는 것일까? 운동선수에게 운동에 대한 칭찬만으로 충분하지 않은 것일까? 외모까지 언급하는 것이 우리 사회에서 비판하는 외모 지상주의와 크게 다르지 않음을 많은 이가 잊는 것 같다.

비단 운동만이 아니다. "옆 반 ○○는 공부를 잘하는데, 키 크고 잘 생기기까지 했어. 정말 대단하지?"라는 말을 지인에게 종종 듣는다. 다른 집 자녀의 높은 성적만 부러워하는 것이 아니라 외모까지도 부러워한다. 누군가는 굳이 외모가 부럽다기보다, 단순하게 훈훈한 외모만 언급하고 싶었는지도 모른다. 예쁜 사람에게 예쁘다고 말하는 것이 무슨 큰 잘못이냐고 되물을 수도 있다.

하지만 다시 생각해보면 예쁘다는 기준을 누가 정했는지에 의문을 가질 수 있다. 어떤 모습이 예쁜 모습일까? 미의 기준은 시대에 따라 달라진다. 내가 어릴 때는 눈이 크고 쌍꺼풀이 있으면 잘생겼다고, 예쁘다고 생각했다. 내 아이는 쌍꺼풀이 없는 눈매의 사람을 잘생겼다고 말하며 좋아한다. 아이 말로는 친구마다 좋아하는 스타일이 제각각이라고 한다. 획일화된 미의 기준이 요즘은 다양해진 것이 그나마 다행이다.

(아) 내 친구 소라는 정말 예쁘게 생긴 것 같아. 얼굴이 작고 눈도 커다랗고.

(나) 엄마도 그 친구가 참 예쁘다고 생각하는데, 타인에게 굳이 '예쁘다' 혹은 '잘생겼다'라는 말을 할 필요가 있을까?

(아) (당황하며) 예쁜 사람한테 예쁘다고 말하는 게 뭐가 이상해?

(나) 하하하, 물론 그렇지. 그런데 엄마는 다르게 생각해.

(아) 엄마는 매사에 까칠해. 교수병이야.

(나) (웃으며) 그런데 이것도 생각해봐. 만나는 사람마다 네 친구에게만 예쁘다고 말하고, 너에게는 그런 말을 안 해주면 기분이 어떨 것 같아?

（아） 응? 당연히 기분 **나쁘겠지.**

（나） 누군가가 예쁘다고 말하는 일이 잦아질수록, 예쁜 건 좋고 예쁘지 않은 건 나쁘다고 생각되지 않을까?

얼굴을 칭찬하는 사회에서 칭찬받지 못한 사람은 자신의 얼굴에서 부족한 점을 찾게 되고 심하면 성형수술까지 고려한다. 키 큰 것을 칭찬하는 사회에서 키가 작은 사람은 자신이 부족하다는 생각에 주눅 들거나 열등감을 가진다. 키가 어디 바라는 만큼 클 수 있는 것인가?

외모를 칭찬하는 익숙함에서 벗어나기

나는 아이를 키우면서 외모에 대해 칭찬해본 적이 없다. 뿐만 아니라, 아이가 외모에 대한 편견을 갖지 않도록 어릴 때 동화책을 읽어줄 때면 외모에 대한 표현은 생략하고 읽었다. 예를 들면 '뚱뚱한 곰 한 마리'라는 표현이 보이면 나는 그냥 곰 한 마리라고 읽어주었다. 우리나라 아이라면 누구나 배우는 <곰 세 마리> 노래를 아이에게 가르쳐주지 않았다. '아빠는 뚱뚱하고 엄마는 날씬하며 아이는 귀엽다'는 표현을 서너 살 아이에게 각인시켜주고 싶지 않았기 때문이다. 이런 나의 노력에도 불구하고 아이는 초등학교에 다니는 순간부터 친구를 지칭할 때 "엄마, 내 친구 ○○ 알지? 키가 좀 작고 엄청 날씬한 애"와 같이 외모를 묘사했다. 학교에서 선생님도 친구들도 심지어 교과서에도 외모 묘사를 하며 사람을 지칭하는 것이 비일비재하다 보니 아이도 자연스레 동화된 것이다.

인간은 누구나 사회 구성원으로서 그 영향력에서 자유로울 수 없다. 성장하면서 타인의 외모에 주목하는 아이를 무작정 비난하거나 화내기보다 외모에 관심을 갖는 문제점을 아이와 얘기 나눠보자. 나는 아이들이 사람을 보고 예쁘다고 말할 수는 있지만, 특정한 기준에 갇힌 것이 아니라 모든 사람을 예쁘게 볼 수 있기를 바란다. 외모에 대한 칭찬이 당연한 사회에서 가정에서라도 아이가 의문을 갖고 깊게 생각해보도록 만들면 좋겠다. 하루아침에 외모를 칭찬하는 익숙함에서 벗어나기는 어렵지만, 가정과 사회를 자유롭게 넘나들면서 아이의 사고가 외모 지상주의에서 조금씩 자유로워지길 원한다.

고등학생이 되면서 외모와는 상관없이 노래를 잘하는 실력 있는 걸그룹 혹은 걸그룹 멤버를 좋아하는 아이를 보며 그동안의 내 노력이 헛되지 않았다는 생각이 들었다. 좋은 게 좋은 것이라며 외모에 대한 칭찬을 곁들이는 우리 문화가 달라지면 좋겠다.

○

여자아이는
본능적으로 분홍색을
좋아할까?

'우리 집엔 아이가 둘 있다. 하나는 내가 낳은 아이, 또 하나는 어머님이 낳은 아이. 남편은 나만 안다. 세탁기는 몰라도 된다. 트롬이 알아서 해 주니까.'

몇 달 전 우연히 텔레비전에서 본 세탁기 광고 문구다. 이 문구를 듣는 순간, 내 귀를 의심했다. 남편은 아직도 시어머니가 낳은 아이 수준인가? 우리 사회는 언제까지 남편을 아이 취급하며 아내가 엄마처럼 남편을 이해해야 한다고 생각할 것인가? 성인이 아이처럼 행동하면 나이에 맞지 않은 미숙한 행동으로 부끄러워해야 할 일이 아닌가?

세탁기의 자동 기능 광고일 뿐인데, 뭐 그렇게까지 까칠하게 생각하냐고 할지도 모른다. 광고대로라면 세탁기를 주로 사용하는 사람은 여성이다. 제품을 홍보하려면 사용하는 여성의 편리함을 강조하는 것이 상식적

이지 않나? 즉 '아내는 세탁기를 몰라도 된다. 트롬이 알아서 해주니까'
라는 문구가 더욱 적합하다. 그런데 아내 대신 남편이 세탁기를 몰라도
된다고 말하는 것은 집안일은 아내의 몫이고 남편은 몰라도 괜찮다고
생각하는 우리 사회의 편견을 보여준다. 21세기에도 이런 광고 문구가
채택되었다는 현실에 씁쓸함을 감출 수 없다.

21세기에도 존재하는 남녀 차별에 대한 고정관념

20세기에 비해 남녀 차별이 많이 개선되었지만, 위 광고 문구에서 보
듯이 일상에서 남녀 차별에 대한 고정관념은 여전히 존재한다. 여기서
우리가 주목할 부분은 남녀 차별이라고 생각하지 못할 만큼 삶에서 자
연스럽게 고정관념으로 자리 잡은 경우다.

예를 들어보자. 대부분 부모는 딸을 낳으면 분홍색이나 빨간색 계통
의 옷을 입히고, 아들을 낳으면 파란색 계통의 옷을 입힌다. 색깔에는
남녀 구별이 없는데 왜 우리는 신생아나 영유아에게 이렇게 서로 다른
색의 옷을 입히는 것일까? 이것은 우리만의 문화라기보다 세계적으로
비슷한 고정관념이다. 미국의 경우, 신생아 옷이 분홍색과 파란색 두 가
지만 존재한다고 말해도 과언이 아닐 만큼 성별에 따른 옷 색깔이 획일
적이어서 유학 시절 무척 놀랐던 경험이 있다.

박사과정에서 공부에만 매진하고 싶은 마음에 나와 남편은 유학을 시
작하면서부터 귀국 이후로 출산을 계획했다. 그러다 막상 귀국 시기가

조금씩 다가오고 나니 차라리 논문을 쓸 때 아이를 출산하는 것이 좋겠다고 생각했다. 경력 단절을 고민할 필요가 없을 것 같았기 때문이다. 곧 아이를 갖게 되었고, 아이의 성별이 여자임을 아는 순간부터 미국 친구들은 하나같이 분홍색 옷, 모자, 양말, 턱받이 등을 나에게 선물했다. 그동안 대학원 수업에서 사회가 재생산하는 남녀 차별의 고정관념에 대해 수차례 논의하고 공감하던 나는 미국 친구들의 선물을 받으며 한편으로는 씁쓸했다. 교실에서 고정관념을 탈피하자고 함께 대화를 나누었던 친구도 분홍색을 선택했고 남녀 차별은 옳지 못하다고 교회에서 설교하는 목사인 친구 부부도 분홍색을 선택했다.

남녀 차별에 대한 고정관념 타파가 사회 제도에서만 필요한 것이 아니다. 생활 속에서 미처 깨닫지 못하는 순간에 자리 잡은 고정관념은 아무리 세월이 지나도 고치기가 어렵다. 아무도 그것이 고정관념인지 모르기 때문이다. 나부터라도 이런 오류를 범하지 않기 위해 아이의 신생아 물건들을 살 때 의식적으로 다양한 색깔을 선택했다. 친구들로부터 받은 물건들은 이미 분홍색이거나 붉은색 계통이어서 그 색을 제외한 다른 색들을 주로 선택했다.

여성은 원래 분홍색을 좋아하고 남성은 원래 파란색을 좋아한다고 주장하는 사람들이 있기에 나는 연구자로서 아이가 과연 본능적으로 분홍색 계통에 끌리는지 무척 궁금했다. 사람마다 다르겠지만 내 아이는 신생아 때부터 초록색과 파란색 장난감을 좋아했다.

어린이집을 다니기 전까지 아이는 다양한 색깔의 옷을 자발적으로 선택해서 입었다. 하지만 아이는 어린이집을 다니면서부터 여자 친구들이 분홍색 옷을 자주 입고, 남자 친구들이 파란색 옷을 자주 입는다는 것을 알게 되었다. 그때부터 나는 부모로서 아이에게 색깔은 남녀 구분이 없다는 말을 자주 해주었다. 어느 날 파란색 옷을 입고 싶은데 남자 색깔이라고 말하는 아이에게 나는 "엄마도 파란색 옷이 있고 아빠도 분홍색 옷이 있어. 그러니 네가 원하는 색깔을 선택해도 돼"라고 말해주었던 기억이 난다.

사회에 존재하는 고정관념에서 자유로우려면

가정에서 나와 남편이 아이를 위해 아무리 색깔에 대한 고정관념을 없애려고 노력해도 학교에 가는 순간부터 아이는 새로운 도전을 받게 된다. 아이가 만난 선생님들은 우리 부부처럼 남자 색이나 여자 색이 존재하는 것이 아니라고 말하지만 아이 친구들의 옷 색깔만으로 자연스레 남녀 구별이 되는 것이다.

아이를 학교에 보내기 시작하면 학부모들끼리 대화를 나눌 일이 종종 생긴다. 언젠가 내가 "우리 어렸을 때처럼 지금도 남자아이들은 파란색, 여자아이들은 분홍색 옷을 많이 입네요"라고 말한 적이 있다. 흥미로웠던 점은 딸을 둔 엄마 중 일부는 요즘 시대에 맞게 다양한 색깔의 옷을 추천한다고 말하는 반면, 아들을 둔 엄마들은 하나같이 남자는 무조건 파란색을 입어야 한다는 생각이 강했다. 남매를 둔 엄마들은 딸에게 파란색을 추천할 수 있지만 아들에게 분홍색을 추천하고 싶지 않다는 말을 하기도 했다. 아들을 둔 지인들도 거의 모두 '남자답게' 키워야 한다는 생각을 가지고 있고, 남성의 정체성을 만들어주는 색깔이나 성격이 따로 있다고 믿는다. 시대가 달라졌고 남녀 차별이 문제임을 지각하는 세대가 부모가 되었을지라도 여전히 가정에서 딸과 아들에게 다른 기준을 적용하는 것이다.

　가정 혹은 학교에서부터 남녀에 대한 고정관념이 부지불식간에 자리잡은 상황에서 어떻게 사회가 남녀 차별을 제대로 개선해나갈 수 있을까? 부모가 먼저 자신이 가진 남녀에 대한 고정관념을 솔직하게 인지하고 차별을 하나씩 고쳐나가길 바란다. 남편이 남녀 구분 없이 가사일을 함께하기를 바란다면, 아들에게도 남성의 정체성을 강조할 이유가 없다. 아내가 남녀 차별 없이 사회생활을 해나가길 바란다면 딸에게 여성의 정체성을 강조할 이유도 없다. 자녀가 성장하면서 사회에 존재하는 남녀 차별에서 자유로울 수 있도록, 부모들이 자신의 삶에서 비판적 사고를 갖고 자녀를 대하는 노력이 필요하다.

핸드폰 사용 금지가
오히려
독이 된다

아이가 초등학생일 때는 방문을 닫아도 잠그는 일이 없었다. 나와 남편은 아이 방에 들어갈 때 언제나 노크하기 때문에, 아이가 문을 잠그지 않는다고 생각했다. 그런데 중학생이 되면서부터 아이는 방문을 잠그기 시작했다. 문을 닫고 '딸깍' 하는 잠금 소리가 처음 날 때 사실 기분이 묘했다. 청소년 시기에 흔히 있는 일이기에 어느 정도 예상은 했지만, 막상 닥치니 내가 아이에게 거부당하는 느낌이 들어 당황스럽고 서운하기도 하고 기분이 살짝 나쁘기도 했다.

나는 아이를 통제하는 것을 스스로 경계하는 편이어서, 아이가 방에 들어간 이후에 무엇을 하는지 신경 쓰지 않는다. 잠긴 문을 뒤로 하고 아이가 나 몰래 공부에 매진한다고는 생각하지 않는다. 그럴 거라면 오히려 문을 열어놓고 보란 듯이 공부했을 테니 말이다. 아이가 방으로 들어가면서 숙제할 거라고 말했지만, 아마도 컴퓨터나 핸드폰으로 유튜브 영상을 보거나 게임을 했으리라고 짐작한다.

절제할 수 있는 능력을 키워주기

내가 노트북이나 핸드폰을 방으로 가져가지 못하게 했으면 아이는 순순히 말을 들었을까? 아무리 아이와 좋은 관계를 맺고 있다 하더라도 아이는 불만이 생겼을 것이다. 실제로 지인들을 보면 자녀의 핸드폰이나 컴퓨터 사용을 통제할수록 자녀와의 마찰이 잦아진다. 심지어 자녀에게 고성을 지르거나 때리는 일이 생기기도 한다. 한창 친구와 어울리기를 좋아할 아이의 핸드폰을 빼앗는 행동은 화를 자초하는 일이다. 마치 곤하게 자는데 누군가 갑자기 깨우면 순간 화가 치밀어 오르는 것 같은 느낌이지 않을까? 할 일이 있어서 잠에서 깨어야 하는 것은 맞지만, 잠에서 깬 사람은 깨워준 사람에게 고마운 마음은커녕 순간 화를 내지 않는가? 그나마 정신을 차리고 나면 깨워준 사람에게 고마움을 가지지만, 부모의 핸드폰 통제는 아이에게 그런 고마움조차 주지 못한다. 부모가 핸드폰 사용을 금지하면 자녀는 오히려 화를 내면서 공부에 집중하지 못하고, 부모에 대한 반감도 더 커지게 마련이다.

그런 이유로 나는 아이에게서 핸드폰을 빼앗거나 사용 시간을 엄격하게 통제해본 적이 없다. 핸드폰이나 컴퓨터로 유튜브 영상을 보는지 수시로 확인해본 적도 없다. 방문을 걸어 잠근 아이의 행동을 무슨 수로 확인하고 통제할 수 있겠는가? 공부하지 않고 소위 말하는 '딴짓'하는 것을 참지 못하는 부모라면 잠긴 방문을 계속해서 두드리게 된다.

나는 부모인 내가 아이를 쫓아다니면서 일일이 통제할 수 있다고 생각하지 않는다. 매사에 아이를 위한다는 마음으로 이래라저래라 훈수 두고 싶지도 않다. 아이에게 유해한 것을 내가 일일이 차단할 수도 없다. 집을 나서는 순간 혹은 방문을 걸어 잠그는 순간부터 아이는 세상과의 다양한 관계 맺기가 시작되는데 대부분 내가 어찌할 수 없는 것들이다. 청소년 시기에 대부분의 관계 맺기는 친구들과의 관계이고 요즘 관계 맺기에 빠질 수 없는 것이 핸드폰과 컴퓨터다.

나는 자녀에게 유튜브 영상을 무조건 금지하기보다, 자녀가 시행착오를 거치며 스스로 절제할 수 있는 능력을 키워 주길 바란다. 처음 사용할 때는 시간 가는 줄 모르고 사용하는 것이 어쩌면 당연하다. 어른도 핸드폰을 처음 구입하면 이것저것 다양한 기능들을 경험하느라 몇 날 며칠을 보내지 않는가? 게임은 성인도 일상생활에서 자주 하는 것이다. 언제부턴가 지하철에서 책 읽는 사람이 점점 사라지고 게임을 하거나 유튜브 영상을 보는 사람이 훨씬 많아졌다. 우리 사회에서 유튜브 영상, 게임 등은 더는 사람들의 삶과 떼려야 뗄 수 없는 상황이다. 그렇다면 자라나는 아이들이 삶에서 그것들을 제대로 사용할 수 있도록 부모가 도와주는 것이 현명하다는 생각이 든다.

아이가 집을 나서는 순간,
혹은 방문을 걸어 잠그는 순간부터
아이는 세상과의 다양한 관계 맺기가 시작되는데
대부분 내가 어찌할 수 없는 것들이다.
청소년 시기에 대부분의 관계 맺기는
친구들과의 관계이고 요즘 관계 맺기에 빠질 수 없는 것이
핸드폰과 컴퓨터다.

나는 자녀에게 유튜브 영상을
무조건 금지하기보다,
자녀가 시행착오를 거치며
스스로 절제할 수 있는
능력을 키워 주길 바란다.

미디어를 비판적으로 받아들이게 하려면

인터넷 기술의 발달로 우리 삶은 현실 공간과 가상공간을 분리할 수 없다. 아이들의 생활도 이 두 공간을 경계 없이 넘나든다. 내가 어릴 때는 만화방에 가야만 만화를 볼 수 있었지만 내 아이는 집에서 핸드폰으로 웹툰을 본다. 어떤 웹툰은 지적으로 혹은 정서적으로 도움이 될 것이고 어떤 웹툰은 폭력적이고 해로울 수도 있다.

그런데 비단 웹툰만 그러할까? 유튜브 동영상도 양면이 존재하고 텔레비전 드라마나 영화도 그러하다. 즉 미디어는 어떤 것이든 상관없이 과거부터 지금까지 다양한 측면의 내용을 제공하고 있다. 마치 인터넷 기술로 인해 세상이 갑자기 유해한 정보들로 가득 차 있는 것처럼 호들갑을 떨 필요가 없다는 뜻이다. 새로운 미디어의 한 측면만 보고 무조건 차단하려고 하기보다, 자녀가 미디어의 내용을 비판적으로 들여다보고 적절하게 취사선택할 수 있도록 도와주는 것이 부모의 역할이다.

20세기 아날로그 시대에 텔레비전, 신문, 영화 등의 매체가 전달하는 내용을 무비판적으로 수용하지 말자는 취지의 '미디어 리터러시Media Literacy'라는 단어가 생겼다. 21세기 디지털 시대에도 여전히 미디어 리터러시는 현대인에게 필요하다.

요즘 아이들은 부모 세대와는 달리 태어나면서부터 디지털기기와 함께 성장한다. 서너 살 되는 아이들 손에 핸드폰을 쥐여주며 유아용 영상을 보여주는 장면은 흔히 볼 수 있다. 자녀가 성장함에 따라 미디어에 대한 부모의 통제를 줄이고 자녀 스스로 자신의 행동을 생각하도록 도와주는 부모가 많아지길 바란다. 영상이나 게임에 일시적으로 빠져드는 자녀를 무조건 야단치고 몰아붙이기보다 때로는 지켜보고 대화를 시도하며 이해하고자 노력하면 좋겠다.

간혹 일시적인 중독에 빠진 자녀들을 보며 점점 더 나빠져서 심각한 상태가 되지 않을지 우려하는 부모들이 있다. 자녀를 애정 어린 시선으로 지켜보는 것과 관심을 두지 않고 방치하는 것은 엄연히 다르다. 무엇보다 자녀에 대한 기우를 거두는 연습이 필요하다.

우리 솔직하게 스스로를 들여다보자. 어릴 때 오락실이나 만화방에 일시적으로 빠져들지 않은 사람이 몇이나 될까? 일시적으로 빠져들던 사람들이 대부분 중독되어 폐인이 되었을까? 대부분은 성장하면서 조금씩 거리두기를 한다. 유튜브 영상이나 게임에 일시적으로 빠져드는 자녀를 바라볼 때 불안한 마음이 들더라도 자녀를 믿고 있음을 지속적으로 보여주는 자세가 필요하다. 부모가 자신을 믿고 주체적으로 대하고 있음을 느끼는 자녀일수록 시간이 지나면 자신의 자리로 되돌아오기 쉽다.

'기회의 공정'이라는
착각

우리나라 입시에 봉사 활동과 학교 밖 활동Extra Curriculum을 포함하는 이유는 소위 말하는 '공부하는 기계'로 학생들을 키우지 않겠다는 바람 때문이다. 하지만 늘 그렇듯이 아무리 좋은 제도라도 우리 문화에 도입하는 순간, 본연의 의도는 사라진다. 학부모가 대신 해주거나 보여주기식 봉사가 만연한다. 학교 밖 활동 역시 남들보다 하나라도 더 하고자 양에 집착하거나, 남들이 하지 않는 '더 좋은 것'을 찾느라 혈안이 된다.

어느 나라나 그런 사람들은 존재하게 마련이다. 그런 사람들이 비난받고 소수에 머무르면 교육의 본질이 흐려지지 않는다. 하지만 그런 사람들이 우후죽순으로 생겨나 주류가 되면, 교육의 본질은 온데간데없이 사라지고 경쟁만 남게 되는 것이다. 학창 시절 이런 모습에 진저리를 치며 맹비난하던 사람들이 부모가 되면 '그래도 경쟁에서 이기면 승자 독식이 된다'라고 생각하며 아이를 다그친다. 교육 전체를 보지 못한 채 소용돌이에 휩싸여 너도나도 불구덩이로 뛰어드는 셈이다.

간혹 봉사 활동이나 학교 밖 활동을 대학 입시에서 없애야 한다고 주장하는 사람들이 있다. 교사 중에도 그런 주장을 하는 사람들이 제법 존재한다. 그들은 성적만이 가장 공정하다고 생각하는 것 같다. 과연 점수가 학생들의 능력을 충분히 설명할 수 있는 것일까? 일반인은 몰라도 최소한 교사는 점수로 학생을 평가하는 것이 얼마나 허점이 많은지 알아야 하지 않을까? 완벽한 제도는 존재하지 않는다는 것을 안다. 그렇다고 교육 관련자들이 수많은 인원을 성적순으로 세우는 것이 가장 공정하다고 말하지 않길 바란다.

세상에 과연 공정한 기회가 있을까

진정 학생들의 배움을 우선한다면 질적 평가로 능력을 살펴보고 선발하기 위해 교육계 전반이 노력하는 것이 급선무다. 해외 국가 중 양적 평가와 질적 평가를 병행해서 수십 년 대학 입시를 수행해온 나라는 우리보다 뛰어난 민족이어서 가능한 것일까? 그렇지 않다. 그들이 지속적으로 학생들의 질적 평가를 유지하게 된 것은 사회와 교육계가 오랜 시간 노력한 결과다. 시민들이 소수의 이기적인 사람들에 부화뇌동하지 않고 각자의 위치에서 배움의 본질을 놓지 않으려고 노력한 결과물이라고 생각한다.

시험이 공정하다고 생각하는 능력주의자들은
기회만 똑같이 주어지면 모든 것이 공정하다고 말한다.
세상에 과연 공정한 기회가 있기는 할까?
도시에서 태어난 사람과 시골에서 태어난 사람이
얻는 기회는 과연 똑같은가?

'기회의 공정'이라는 허울을 벗어던지고
기울어진 운동장을 조금이라도
바로 세우려는 노력이 필요한 때다.

봉사 활동이나 학교 밖 활동을 악용하는 사람들 때문에 이 제도들을 없애기보다, 이 제도들이 사회에 왜 필요한지, 배움에 어떤 의미인지 공교육에서 학생들이 고민하고 성찰할 수 있기를 바란다. 가정에서도 부모들이 봉사 활동이 대입에 얼마나 유리한지의 시각에만 매몰되지 말고, 어릴 때부터 자연스레 함께 살아가는 사회 구성원으로서 봉사 의미에 대해 자주 대화를 나누면 좋겠다. 지식습득이 전부가 아니라고 아이들에게 말해주며 아이가 관심을 두는 부분을 학교 밖에서 자유롭게 경험하도록 지켜보면 좋겠다. 시험이 공정하다는 착각에서 우리 모두 벗어날수록 아이들이 웃음을 찾고 행복할 수 있으리라.

기울어진 운동장을 바로 세우려는 노력이 필요할 때

시험이 공정하다고 생각하는 능력주의자들은 기회만 똑같이 주어지면 모든 것이 공정하다고 말한다. 세상에 과연 공정한 기회가 있기는 할까? 도시에서 태어난 사람과 시골에서 태어난 사람이 얻는 기회는 과연 똑같은가? 지방에서 서울로 유학 온 내 수업의 학생들은 서울에 와 보니 자신들이 살았던 곳에서의 경험 차이와 문화적 차이가 엄청나게 크다고 말한다. 서울에서 태어났다면 쓰지 않아도 될 거주 비용을 생각하면 속상하다고도 말한다. 학생들은 처음으로 출발선이 다르다는 것이 어떤 의미인지 알게 되어 씁쓸하다고 말한다.

태어나는 것은 인력으로 안 되는 일임을 우리 모두 알면서 왜 외면할까? 능력주의자, 기회의 공정을 부르짖는 사람들은 공정함을 제대로 들여다볼 마음이 없는데 왜 그 말에 현혹되는 것일까? 오롯이 자신의 능력으로 성공한 사람이 우리 사회에 몇이나 될까? 개천에서 용 난 사례라고 말하는 사람들조차 조금만 들여다보면 그들의 노력만으로 성공했다고 보기 어렵다.

내 교육학 수업에서 학생들은 생전 처음으로 자신의 노력만으로 성공한 것이 아니라는 사실을 깨닫고 충격받았다. 일부 학생은 왜 굳이 그런 얘기를 하느냐며 불편해하고 불만을 표했다. 그나마 다행인 것은 다수 학생이 불편한 진실을 마주하고 세상을 달리 보기 시작했다는 점이다. 그동안 자신이 노력해서 얻은 성공이 사실은 공부에만 집중할 수 있는 가정에서 태어났기 때문인 것을 깨닫게 되면서 감사한 마음을 갖기 시작했다. 동시에 능력주의와 기회의 공정이 얼마나 허무맹랑한지를 알게 되었고, 더는 시험이 공정하지 않다는 것을 깨달았다.

우리 모두 능력주의에서 벗어날 수 있기를 소망한다. '기회의 공정'이라는 허울을 벗어던지고 기울어진 운동장을 조금이라도 바로 세우려는 노력이 필요한 때다.

○

다빈치형 인간은
역사적으로
흔치 않다

아이를 키우는 부모라면 한 번쯤 자녀가 천재가 아닐까 하는 생각을 한다. 유아기에는 한 달 차이도 엄청 크게 느껴진다. 아이가 또래보다 말을 유창하게 한다든가, 수를 일찍 알게 되면 '우리 아이는 남달라'라는 생각에 뿌듯해한다. 그러다 아이가 초등학교에 들어가면 부모들은 착각에서 벗어나 조금씩 현실을 보기 시작한다. 시험을 치르는 횟수가 많아지고 자녀의 성적을 보면서 부모는 자녀의 평범한 모습을 인정하게 된다.

주변에서 흔히 볼 수 있는 존재라면 굳이 '천재'라고 부를 이유가 있을까? 평생을 살아도 보기 어려운 탁월한 능력의 소유자를 우리는 '천재' 혹은 '영재'라고 부른다. '영재교육'을 영어로 'Gifted Education'이라고 쓰는 것만 봐도, 누구나 노력해서 가질 수 있는 능력이라기보다 태어날 때부터 타고난 특수한 능력임을 알 수 있다.

언제부턴가 영재학교에 다니는 아이들이 많아졌다. 국내 영재학교는 2000년대 들어 설립되기 시작했는데, 대부분 과학 영재학교다. 1980년 대에 생긴 특수 목적 고등학교 중 하나인 과학고등학교가 1990년대 들 어서면서 과학 인재 양성이라는 본연의 목적 대신, 대학 입시에만 초점 을 두다 보니 사회에서 비난의 대상이 되었다.

이런 문제를 해결하고자 과학고등학교 중 일부가 영재학교로 명칭 을 바꾸고 초심으로 돌아가 교육을 제공하고 있다. 사회 전체로 보면 과 학 인재 양성은 당연히 필요하다. 다만 과학 인재 양성을 위한 학교 명칭 을 굳이 '영재학교'라고 해야만 했는지 의문이다. 가뜩이나 세계에서 교 육열이 가장 높다고 할 수 있는 우리나라에서 '영재'라는 단어는 실제로 영재인지 아닌지 여부와 상관없이 부모의 욕망을 부추긴다는 생각이 들 기 때문이다.

내 주변에는 자녀를 영재학교에 입학시키기 위해 초등학교 때부터 사 교육을 시키는 경우도 있다. 그들은 어릴 때부터 자기 아이가 유난히 로 봇을 좋아하고, 레고 등 블록 쌓기를 탁월하게 잘 해내서 과학에 소질이 있다고 믿는다. 이 시기에 부모가 사교육을 시켜 조금만 도움받으면 아 이의 타고난 '능력'이 개발되고, 영재학교에 무난히 진학할 수 있다고 말 한다.

로봇 조립을 빠르게 잘하고 블록 쌓기를 남들보다 잘하면 영재일까? 초등학생이 또래와 달리 유난히 과학 원리에 흥미를 보일 수 있다. 그런 경우 과학에 대한 특수한 능력이 잠재되어 있는지 테스트 정도는 받아 볼 수 있다고 생각한다. 결과에 의해 영재라고 판명되면 그때부터 잠재된 능력을 개발하기 위해 다양한 영재교육 프로그램에 참여하면 된다. 지금 문제점은 영재를 발견한 후 교육 프로그램을 제공하는 것이 아니라 자신의 아이가 영재가 될 수도 있다는 가정하에 영재학교 진학을 목표로, 사교육에 의존하고 있다는 점이다. 영재도 얼마든지 길러질 수 있다는 잘못된 생각 때문에 수많은 아이들이 영재학교 진학을 위해 학원에 다니며 엄청난 양의 공부를 하고 있다.

'내 아이는 남달라'에서 '내 아이는 지극히 평범해'로

영재나 천재를 언급할 때 우리는 만사에 능통한 서양의 다빈치나 조선 시대 정약용 같은 인물을 함께 언급한다. 많은 부모가 그 인물들처럼 자녀가 모든 분야에서 뛰어나기를 바란다. 암기력이 뛰어나 성적이 잘 나오는 아이가 노래도 잘하고, 그림도 잘 그리면 부모는 어느새 모든 방면에서 뛰어난 영재로 생각하고 잘하지 않는 능력마저도 잘하게 만들고자 백방으로 애쓴다. 그 과정에서 부모의 기대에 미치지 못하는 자녀는 실패를 경험하고 부모에게 미안한 마음을 갖는다. 그런 경우 자녀는 자신이 가진 잘하는 능력에 자부심을 갖는 것이 아니라 못하는 능력에 주눅 들며, 자존감이 낮아질 수 있다.

다빈치나 정약용 같은 인물은 한 시대에 한 명 나올까 말까 하는 영재다. 현대에서도 그런 인물이 나올 수 있지만, 지금 영재학교에 다니는 학생 수만큼 많을 수는 없다. 만들어지는 능력도 중요하지만 영재라고 불릴 만큼인지는 비판적으로 생각해볼 필요가 있다. 그래야 부모가 아이에게 무분별하게 영재교육을 강요하지 않을 수 있다.

그런 점에서 국내 모 대학이 제공하는 '다빈치 전형'이라는 입시 전형의 명칭 자체가 나는 몹시 불편하다. 비단 영재학교만의 문제가 아니다. 특수 목적고인 외국어고등학교와 과학고등학교도 마찬가지다. 외국어에 뛰어난 능력이 있는 학생들이 외고에 진학한다면 찬성이다. 과학 분야에 남다른 능력을 보이는 학생들이 과학고에 진학한다면 진심으로 응원해주고 싶다. 하지만 외고나 과학고에 진학하기 위해 초등학교와 중학교 시절 끊임없이 사교육을 받는 학생이라면 특목고에 진학할 자격이 있는지 의문이다.

'내 아이는 남달라'에서 '내 아이는 지극히 평범해'라는 시각으로 부모가 아이를 바라보면 아이를 있는 그대로 이해하기가 한결 쉽지 않을까? 아이가 평범하다고 생각한다면 아이에게 실망할 일이 별로 없다. 아이를 다그칠 필요도 없다. 아이가 무언가를 잘하면 기특하다며 칭찬을 마구마구 해줄 수 있다. 무엇보다 아이의 모습 그대로를 존중하는 부모 덕분에 아이는 행복을 느끼고 주체적으로 자신의 인생을 살아나가게 되리라 생각한다.

○

독서를
좋아하는 아이가
국어는 싫어한다면

"흔히 아이들은 집중력이 부족하다고 말하는데 틀린 말이에요. 애들 텔레비전 볼 때 한번 보세요. 눈에서 레이저가 나올 만큼 집중해서 쳐다봐요. 그 놀라운 집중력이 공부할 때는 왜 안 보일까요?"

몇 년 전 지인 모임에서 누군가 이 말을 해서 다들 크게 웃었던 기억이 난다. 그러고 보니 내 아이도 어릴 때 텔레비전 방송에서 뽀로로를 볼 때 꼼짝하지 않고 앉아서 시청했다. 시간 가는 줄 모르고 마치 텔레비전으로 빨려 들어갈 것처럼 말이다.

되돌아보니 나도, 내 동생도 어릴 때 마찬가지였다. 식사 시간에 텔레비전을 보느라 밥을 제대로 먹지 않으니 부모님이 텔레비전을 끄겠다고 으름장을 놓기도 했던 기억이 새록새록 떠오른다. 요즘은 식당이나 공공장소에서 아이들이 차분히 앉아 있기 어려울 때 어른들이 핸드폰으로 동영상을 보여줄 때가 많다. 지루함을 느끼며 부모에게 짜증 내던 아이들도 언제 그랬냐는 듯이 환한 웃음을 지으며 핸드폰을 두 손에 꼭 쥐고 눈을 떼지 않는다. 지인의 말처럼 아이들도 집중력을 언제 어디서든 발휘할 수 있다. 단지 학교나 책상 앞에서는 보기 어려울 뿐이다.

집중력은 전략이 아니다

청소년인 아이는 음악 듣는 걸 무척 좋아한다. 유명 아이돌 그룹을 좋아하던 중학교 시절에는 그들이 부르는 노래라면 무엇이든 가사를 외워 따라 부르고, 춤도 곧잘 따라 추었다. 그런 아이를 볼 때마다 남편은 노래와 춤을 배우는 노력의 반만이라도 공부에 보이면 얼마나 좋겠냐고 종종 말했다. 아이를 키우는 부모라면 누구나 그런 말을 한두 번쯤은 했을 것이다.

남편과 달리 나는 아이에게 그런 말을 하지 않는다. 집중력은 무언가에 몸과 마음을 열중하는 것인데, 아무 때나 열중하는 것이 결코 쉬운 일이 아님을 알기 때문이다. 성인인 나조차도 관심 없는 일에는 좀처럼 집중력이 생기지 않는다. 해야 하는 일이기에 어쩔 수 없이 집중해서 일을 끝내지만, 그 과정은 즐겁기보다 힘들고 괴로운 경우가 많다. 성인도 원치 않는 일을 할 때는 집중력이 잘 생기지 않으면서, 왜 아이들에게 집중력을 당연하다는 듯이 강조할까?

집중력이 필요하지 않다는 말이 아니다. 아이든 어른이든 살면서 자

나는 사교육에서 강조하는
'집중력 향상 프로그램'이라든가
'집중력을 높이는 학습법' 등의 용어가 불편하다.
부모들이 아이의 집중력을 높이기 위해
다양한 전략을 배우도록 이끌기보다,

아이가 특정한 것에
집중력을 보이거나 보이지 않는 이유를
구체적으로 들여다보았으면 좋겠다.

신이 좋아하는 일만 하며 살 수는 없다. 좋아하지 않아도 집중력을 보일 수 있다. 집중하고 싶지 않지만 집중해야 함을 깨닫는 사람 중에는 실제로 높은 집중력을 보이는 경우도 있다. 우리가 놓치는 것은 이런 사람들이 일부에 불과하지, 모두가 그런 것은 아니라는 점이다.

아이들이 게임하거나 영화를 볼 때 보이는 집중력은 그들의 흥미와 관심으로부터 나오는 것이다. 관심이 없는 게임이나 영화에는 좀처럼 집중력을 보이지 않는다. 아이들이 공부에 유난히 집중하지 않는 이유는 집중력이 낮아서라기보다, 공부가 그들에게 아무런 의미를 주지 못하기 때문이다.

책 읽는 것을 좋아하는 아이들이 국어 수업을 별로 좋아하지 않고, 춤과 노래를 좋아하는 학생들이 음악 시간을 별로 기다리지 않는 이유는 무엇일까? 프랑스 영화를 좋아해서 프랑스어를 배우고 싶어 하던 학생이 학교에서 배우는 프랑스어 수업이 너무 어려워 오히려 싫어하게 되는 경우도 있다.

학교에서 지식습득을 강조하고, 가정에서 부모가 성적에 집착하면 아이들은 학교에서의 배움을 '해야 할 공부'로 인식하게 된다. 독서를 좋아하는 아이가 국어를 좋아하지 않는다면 왜 그러한지 자녀와 대화해보는 것이 필요하다. 문학 작품을 읽고 논의하는 것은 좋은데 정답이 정해진 해석이 불편할 수 있고, 문법을 지나치게 강조하는 것 때문에 꺼릴 수 있다. 나는 아이에게 문학 작품의 해석은 정답이 없다고 말하는 편이다. 작가의 의도와 다르게 독자가 해석할 수도 있다고 말해준다. 그렇다고 해서 학교교육을 무시하거나 수업 내용이 틀렸다고 말하지도 않는다. 나는 학교교육이 추구하는 바를 설명하는 것과 동시에, 아이의 자유로운 생각을 부모인 내가 인정하고 존중한다는 것을 몸소 보여주고자 노력할 뿐이다.

아이가 좋아하는 교과목에서 좋은 성적을 보이면 좋겠지만, 좋아한다고 해서 성적이 잘 나오는 것이 아님을 알기에 아이에게 성적을 잘 받아야 한다는 말을 일절 하지 않는다. 아이가 게임이나 유튜브 동영상을 볼 때 보이는 집중력이 학교 공부를 할 때 당연히 나타나야 한다고 생각하지도 않는다.

아이는 성장하면서 관심사가 수시로 달라진다

나는 사교육에서 강조하는 '집중력 향상 프로그램'이라든가 '집중력을 높이는 학습법' 등의 용어가 불편하다. 이런 용어들은 교육이나 훈련을 받으면 누구나 집중력이 향상될 것 같은 느낌을 준다. 집중력이 높은 것이 좋은 것이고, 낮은 것은 좋지 않다는 고정관념을 은연중에 제공한다. 사람마다 집중력이 발휘되는 분야가 다른데, 마치 매사에 집중력이 높아야 할 것 같은 분위기를 만든다.

부모들이 아이의 집중력을 높이기 위해 다양한 전략을 배우도록 이끌기보다, 아이가 특정한 것에 집중력을 보이거나 보이지 않는 이유를 구체적으로 들여다보았으면 좋겠다. 모든 분야에 탁월한 능력을 나타내는 아이는 흔치 않다. 대다수 아이가 한두 개의 분야에만 관심이나 흥미를 보인다. 또한 운이 좋은 아이는 어릴 때부터 자신의 관심사를 일찌감치 발견하지만, 대부분 아이는 성장하면서 관심사가 수시로 달라진다.

또한 아이가 특정한 것에 관심과 흥미, 혹은 집중력을 보인다고 해서 부모가 자녀에게 그것을 지나치게 강조하거나 매몰되지 않길 바란다. 예를 들어 유치원에 다니는 아이가 그림을 잘 그리는 것을 보고, 어떤 부모는 그 아이에게 커서 미대에 진학하면 좋겠다고 말한다. 아이를 미술관이나 전시관에 데려가면서 다양한 경험을 제공한다. 그러다 어느 순간 아이가 흥미를 보이지 않으면 부모는 조바심을 낸다. 왜 흥미를 보이지 않느냐고 다그치는 순간, 아이가 갖고 있던 작은 흥미마저 사라지기 쉽다. 자녀가 좋아하는 것에 지속적인 관심을 가질 수 있도록 부모가 한 발 떨어져 지켜보는 것도 중요하다.

○

동물 만지기는
이제 그만

아이가 만 네 살이 된 무렵, 남편의 해외 주재 발령으로 우리는 영국으로 이사했다. 당시 나는 국내 대학에서 박사 후 연구원으로 재직하던 시절이라 영국에 도착하면서부터 대학의 연구원 자리를 여기저기 알아보는 데 시간을 할애했다. 옆집에 우리 아이와 같은 나이의 아이들이 있다는 것을 알고 함께 놀게 했는데, 내가 아이를 학교에 보내지 않고 있음을 깨달았다. 영국 학제에 너무 무심했던 점도 있었지만, 무엇보다 만 네 살인 아이가 학교에 가야 한다는 생각을 꿈에도 못 한 것이다.

그제야 알아보니 영국은 우리나라보다 이른 나이인 만 4세부터 의무교육이 시작되었다. 만 5세 아동이 초등학교에 입학하고 만 4세 아동은 학교 준비 과정으로 생각할 수 있는 리셉션Reception에 다니게 되는데, 우리나라의 병설 유치원이라고 보면 된다. 우리나라에서 어린이집에 보냈

던 아이를 영국에서 학교에 보내게 되어 신기하기도 했고 한편으로 아이
의 학교생활이 궁금하기도 했다.

동물원과 서커스에 대한 비판적 사고

아이가 학교에 다니기 시작하면서 가장 인상적이었던 건 부모들이 자
녀의 생일파티에 생각보다 엄청나게 신경을 쓰고 시간과 노력을 상당히
기울인다는 점이었다. 학교 혹은 부모마다 정도의 차이는 있겠지만 대체
로 아이들이 어릴수록 반 친구 전체를 초대하여 하루를 즐겁게 노는 생
일파티가 많았다. 리셉션이 끝날 무렵 아이의 반 친구 생일파티가 당시
지역에서 생일파티 장소로 꽤 유명한 농장에서 열렸다. 아이는 농장이
어떤 곳인지도 모른 채 친구들과 논다는 것만으로도 신이 났다. 나에게
도 영국의 농장이 어떠한지 볼 수 있는 좋은 기회였다. 농장의 우리 안
에는 크고 작은 다양한 동물이 있었고, 우리 밖 풀밭에 풀어놓은 동물
도 있었다.

당시 농장에서 내가 가장 주목한 부분은 사실 생일파티의 하이라이
트라인 '동물 만지기' 시간이었다. 작은 동물들은 대부분 우리 안에서 키
우는데, 특별히 한 동물은 아이들이 무척 좋아한다는 이유로 농장 직원
이 품에 안아 생일을 맞이한 아이에게 건네주었다. 아이들은 의자에 둘
러앉아 있고, 귀여운 동물을 품에 안은 생일 주인공이 아이들 앞으로 가
면 한 명씩 동물을 만져보았다. 동물을 조심스럽게 다루어달라는 직원

의 말을 귀담아들은 아이들이 사랑스러운 눈빛으로 활짝 웃으며 동물을 이리저리 쓰다듬고 말을 걸었다. 그 광경을 바라보는 부모들은 아이들의 모습을 보며 행복한 표정을 지었다. 나도 그 속에서 웃고는 있었지만, 마음 한구석이 불편해지는 것은 어쩔 수 없었다. 아이들의 모습 대신 품에 안겨 있는 작은 동물에 자꾸만 시선이 가면서 이런저런 질문들이 떠올랐다. 일주일에 얼마나 많은 사람이 저 동물을 쓰다듬게 되는 것일까? 저 동물은 사람의 쓰다듬는 손길을 좋아할까? 우리에 있는 동물들에게 먹이만 줘도 친밀감을 충분히 느낄 수 있는데, 꼭 이렇게 쓰다듬기까지 해야 할까?

내가 동물 애호가쯤 된다고 생각할 수 있는데, 사실 나는 동물을 무서워하는 편이다. 아이는 강아지를 좋아해서 어릴 때부터 반려견을 키우자고 여러 번 말했는데 그때마다 나는 미안한 마음과 함께 "엄마와 강아지 중 하나를 선택해야 돼. 엄마는 강아지가 무서워서 같은 공간에 있을 수가 없어"라고 말했다.

멀찍이 떨어져 있는 강아지는 얼마든지 바라볼 수 있지만 내 몸에 닿는 순간 나도 모르게 비명을 지를 만큼 이유 없는 공포감이 있다. 지금은 나이가 들어 그나마 개가 가까이 와도 나름 평정심을 가질 수 있지만, 여전히 근처에 개나 고양이가 있으면 긴장이 된다.

동물을 무서워하는 것과 별개로, 사람이라는 이유로 동물을 함부로 해도 되는지에 대해 유학 시절 처음으로 생각하게 됐다. 당시 나는 사람은 누구나 인권을 갖고 존중받아 마땅하다는 주장에 매료되면서 문득 사람은 동물에게 함부로 해도 되는가에 대한 질문이 생겼다. 이 질문을

동물원에 가느냐 마느냐가 중요한 것이 아니라
동물원에 있는 동물을 보며 아이가
어떤 생각을 하느냐가 중요하다.

나는 아이들이 동물원을 거닐며
인간의 이기심을 인지하고
그로 인해 동물들이 얼마나
힘들어하는지를 직접 보며
동물원이 과연 우리 사회에서
필요한 것인지에 대해
고민해보길 바란다.

곱씹던 시기에 우연히 남편과 함께 인근 동물원에 머리를 식히러 방문했다가 코끼리 서커스를 보게 되었다. 우리나라에서도 어릴 때 동물 서커스를 종종 봤었고, 텔레비전이나 영화에서도 흔히 보던 모습이라 관람을 시작하기 전만 해도 별 생각이 없었다. 그런데 막상 앉아 있는 코끼리 발 위에 위풍당당하게 서 있는 사람을 보니 예전처럼 마냥 즐겁지 않았다. 코끼리 등에 올라타서 이리저리 가자고 명령을 내리거나 특정 행동을 하도록 요구하는 모습을 보며 얼굴에는 미소가 완전히 사라져 버렸다. 그날 이후부터 나는 동물 서커스를 보지 않았고 아이에게도 보여주지 않았다.

우리 아이는 동물원에 갇힌 동물을 보며 어떤 생각을 할까

반려견이나 반려묘가 우리 사회에 많아지면서 언제부턴가 아무리 사랑스러워도 동물을 만지지 말아 달라는 말을 미디어에서 많이 보고 들었다. 어떤 반려동물 전문가들은 너무 빤히 쳐다보지 말아 달라고 말하기도 한다. 동물도 사람과 마찬가지로 낯선 사람이 갑자기 쓰다듬거나 빤히 쳐다보면 놀라거나 당황한다는 것이다. 충분히 일리가 있다는 생각이 든다.

아이가 어릴 때 길을 걷다 보면 목줄을 한 작은 강아지들을 만나는 일이 종종 있었다. 아이는 강아지가 너무 이쁘다는 생각에 손을 뻗어 만져보고 싶어 했다. 그럴 때마다 나는 강아지가 놀랄 수 있으니 옆에 있는 주인에게 만져도 되는지 허락을 받으면 그때 만져보라고 말했다. 반려견 주인들은 고맙게도 아이에게 괜찮다며 쓰다듬도록 해주었다. 나는 아이가 커가면서 개가 아무리 예뻐도 쓰다듬지 말고 그냥 보라는 말을 하기 시작했고, 아이도 개를 워낙 좋아하는지라 내 말의 의미를 곧바로 이해했다. 성인이 되어 독립하면 개와 고양이를 마음껏 키울 것이라는 말과 함께 말이다.

나는 동물원도 별로 좋아하지 않는다. 사람의 필요 때문에 동물들이 갇혔다는 생각을 하면서부터 동물에게 미안하고 불편한 마음이 들었기 때문이다. 그렇다고 동물원에 아예 안 간 것은 아니다. 아이를 위해 우리나라든 영국이든 동물원에 갈 수밖에 없었다. 대신 동물원에 갈 때마다 인간의 욕심으로 동물들이 어쩔 수 없이 갇혀 있음을 아이의 눈높이에 맞게 말해주었다. 내가 불편하거나 마음에 들지 않는다고, 아이의 경험을 일일이 통제하는 것은 옳지 않다고 생각한다. 내가 아이를 동물원에 데리고 가지 않더라도 아이가 커서 친구들과 얼마든지 갈 수 있다.

동물원에 가느냐 마느냐가 중요한 것이 아니라 동물원에 있는 동물을 보며 아이가 어떤 생각을 하느냐가 중요하다. 내가 어릴 때 생각했던 것처럼, 동물이 인간을 위해 갇혀 있는 것이 당연하다고 생각하지 않길 바란다. 나는 아이들이 동물원을 거닐며 인간의 이기심을 인지하고 그로 인해 동물들이 얼마나 힘들어하는지를 직접 보며 동물원이 과연 우리 사회에서 필요한 것인지에 대해 고민해보길 바란다.

동물원을 폐지하자는 시민운동에 참여하지 않더라도 아이 스스로 비판적 사고를 갖고 동물과 사람의 관계를 들여다볼 수 있길 바란다. 사람은 누구나 함께 어울려 사는 것이 당연하듯이, 사람과 동물의 관계도 학대 없이 함께 어울려 사는 것이 당연하다는 생각을 아이가 성장하면서 갖길 바란다.

차별이 아닌
차이를 존중하는
부모

아이가 걷기 시작하고 밖으로 나가기를 좋아하면서부터 바쁜 와중에 시간이 날 때마다 아이를 데리고 놀이터나 공원을 찾았다. 아이는 아장아장 걸을 때는 주변을 살피기보다 넘어지지 않으려고 안간힘을 쓰며 엄마 아빠에게로 돌진했는데, 어디든 원하는 대로 자유롭게 걸으면서부터 집 밖에서 부모를 찾지 않았다.

놀이터에 또래 아이가 있으면 그 주변을 맴돌거나 가까이 가서 아이를 쳐다보며 같이 놀고 싶은 마음을 온몸으로 드러냈다. 아이가 친구들과 함께 노는 것을 마다할 부모는 없으므로 나는 용기를 내어 또래 아이의 부모에게 말을 건넸다. 부모들끼리 어색하게 인사하고, 아이 이름과 나이를 서로 물어보며 대화하는 사이에 아이들은 이미 함께 놀고 있었다. 마치 오래전부터 알고 지낸 친구처럼 말이다. 부모는 아이 양육과 관련해서 이런저런 얘기를 나누는 과정에서 은연중에 아이를 비교하기도 하지만 아이들의 세상에는 그런 것이 전혀 없다. 어떤 아이도 함께 놀고 있는 친구에게 "나는 10개월부터 걸어 다녔는데 너는 언제부터 걸어 다녔어?"라고 묻지 않는다. 아이들은 친구와 있으면 그냥 좋고 무언가를 같이 할 수 있다는 것만으로도 마냥 즐겁다.

아이는 한국에서뿐만 아니라 영국에서도 또래 친구들과 잘 어울렸다. 영국에 거주할 당시에도 우리 부부는 주말에 아이와 함께 집 근처 공원에 자주 갔다. 백인 중심 지역이어서 공원에 노는 아이들도 백인이 많았다. 네다섯 살 아이들은 주로 미끄럼틀과 그네가 있는 곳이나 모래놀이를 하는 곳에 모여서 놀았다. 아이도 공원에 도착하면 그곳으로 쏜살같이 뛰어갔다. 우리나라 놀이터는 아파트 안에도 많아 몇 번만 가도 자주 만나는 아이들이 있지만, 영국의 공원 놀이터는 인근 여러 곳에서 사람들이 오다 보니 갈 때마다 새로운 아이들을 만나게 됐다.

나는 내 아이가 낯선 영국 아이들과도 과연 잘 놀게 될지 궁금했다. 동시에 영국 아이들이 낯선 동양인 아이와 잘 놀지도 궁금했다. 나도 모르게 공원에 갈 때마다 연구자로서 관찰하게 됐다. 결과는 신기하게도 언제나 동일했다. 내 아이와 영국 아이들은 금세 어울려 미끄럼틀을 내려오며 깔깔대고 웃었다. 아이는 당시 영국 거주 초기라서 영어 실력이 서툴렀는데, 놀이터의 아이들에게는 전혀 문제가 되지 않았다. 몸으로 부대껴 놀고 손짓과 표정으로 모든 의사소통이 가능하여 언어 장벽이란 존재하지 않았다.

오히려 영어가 유창한 내가 영국 부모들과 오랜 대화를 할 수 없었다.

겉으로 예의를 갖추고 아이들이 함께 놀게 되어 기쁘다고 말했지만 곧이어 자신들만의 대화를 해서 나는 조금 떨어진 곳에 앉아 아이들의 놀이를 지켜보는 일이 많았다. 물론 혼자 아이를 데리고 온 영국 백인 부모와 오랜 대화를 나눈 때도 있었지만 흔치는 않았다.

내가 백인 중심 사회에서 아이를 키우며 경험한 것을 공유하자면 어른들의 시선과 아이들의 시선이 같지 않다는 점이다. 아직 세상을 많이 모르는 아이들이지만 오히려 그들의 시선에는 다름이 큰 의미가 없고 다름으로 인한 차별에 대해서는 더욱 관심이 없었다.

차이의 중요성을 일상생활에서 깨달아야

영어를 한마디도 못 하는 아이를 학교에 보내야 하는 나는 걱정이었다. 아이가 생활에서 자연스럽고 빨리 영어를 배울 수 있는 방법 중 하나는 어린이 텔레비전 방송을 집에서 보여주는 것이었다. 나는 영국 BBC에서 운영하는 어린이 채널인 CBeebies를 아이가 집에 있는 시간에 틀어두었다. 아이에게 억지로 보라고 말하지 않고, 영어가 들리지 않는다고 하더라도 아이가 집 안을 오가다 궁금하면 관심을 갖고 보기를 바라는 마음에서였다. 아니나 다를까 아이는 또래가 나오는 방송 프로그램이어서 그런지 눈길을 주기 시작하더니 어느새 소파에 앉아 프로그램을 보며 웃기도 하고 노래를 따라 부르기도 했다.

어느 날 나는 아이가 시청하는 프로그램의 내용이 어떤 것인지 보려고 아이 옆에 앉았다. CBeebies는 어린이 채널이어서 하나의 프로그램이 10~15분 정도의 길이였다. 하나의 프로그램이 끝나고 다음 프로그램이 시작되기 전에 성인 남녀 진행자가 간단한 대화를 하는데 아이는 당시 여성 진행자인 케리 버넬Cerrie Burnell을 무척 좋아했다. 평소 아이에게 "텔레비전에 예쁜 언니가 나와"라는 말을 많이 들어서 궁금하던 차에 그녀를 화면에서 본 순간 나는 내심 놀랐다.

케리는 한쪽 팔에 장애가 있는 사람이었다. 장애가 있는 사람이 텔레비전 프로그램에서 중요한 진행자 역할을 하는 것도 놀랐는데, 성인이 아닌 어린이 프로그램의 진행자라는 점이 더 놀라웠다. 우리나라라면 가능했을까? 그녀를 본 순간 내심 놀라며 내 안에 존재하는 고정관념을 깨닫기도 했다. 장애가 있다고 텔레비전 프로그램을 진행할 수 없는 것이 아님을 누구보다 잘 알면서도 실제로 그런 일이 생길 것이라고는 미처 생각하지 못한 것이다. 고정관념을 깨고자 하는 노력을 일상에서 지속적으로 해야 함을 다시 한번 느꼈다.

생각해보니 아이는 나에게 케리에 대해 말할 때 장애를 가진 팔을 언급한 적이 없었다. 내가 화면으로 처음 본 순간 나도 모르게 팔에 먼저 시선이 갔음을 떠올리며 아이는 그렇지 않았음을 깨달았다. 장애에 대한 아이의 생각이 문득 궁금해서 질문했다.

나 네가 좋아하는 케리 언니가 저분이구나. 엄마도 언니가 좋아. 그런데 케리 언니가 다른 사람들과는 좀 다른 것 같은데 네 생각은 어때?

아 팔? 그러네. 다쳤나봐. 아팠겠다.

아이의 대답은 너무나 간단했다. 다친 팔이 아이에게는 전혀 문제될 것이 없다는 어투였다. 프로그램 진행자인 케리는 아이들이 종일 방송을 시청할 때 가장 많이 보는 사람 중 한 명이다. 그런데도 아이는 그의 팔을 의식하지 않고 케리라는 '사람'에 집중하고 좋아한 것이다. 나와 남편이 일상에서 타인을 차별하거나 혐오를 유발하는 발언을 하지 않고자 노력하길 잘했다는 생각이 들었다. 아이에게 무언가를 가르치려고 애쓰지 않아도 부모인 우리가 생각과 행동을 잘하면 아이에게 선한 영향력이 될 수 있음을 알게 된 소중한 경험이었다.

아이를 키우면서 유심히 관찰하고 지켜본 결과, 아이들의 세상에는 애초부터 편견이나 고정관념 혹은 차별이나 혐오가 존재하지 않았다. 아이들은 함께 놀 수만 있다면 인종, 성별, 사회경제적 수준, 장애 여부와 같은 사회 기준에 전혀 신경 쓰지 않는다.

그런데 어느 순간부터 차별의 시선과 혐오감을 가지고 친구를 괴롭히는 일이 많아져 사회적으로도 문제가 되는 것일까? 다름을 인정하고 차이를 존중하는 노력보다 차별 시선을 당연하게 생각하는 부모들이 은연중에 내뱉는 말과 행동을 아이들도 배우기 때문이 아닐까? "부모는 아이의 거울이다"라는 말이 있다. 매사에 모범을 보여야 한다는 부담을 주려는 말이 아니다. 차별 없는 세상을 위해 부모가 아이들에게 사람은 누구나 서로 다른 모습임을 존중하는 '차이의 중요성'을 일상에서 가르치길 바란다.

3부

우리 아이 있는 그대로 존중하려면

성적 위주의 삶보다
더 가치 있는 삶을
권해야 할 때

한 연예인이 대학 입시를 위해 하루 16시간씩 공부해서 서울대를 갔다는 경험담을 인터넷에서 봤다. 놀라워야 하는데 사실 놀랍지 않다. 내가 수업에서 만난 학생 중 대다수가 동일한 경험을 했기 때문이다. 외국인들은 우리나라 중고등학생이 처한 교육환경이나 공부 시간을 보며 '청소년 학대'라고 말하기도 한다. 누군가는 외국인의 비판이 과하다고 할 수 있겠지만 나는 사실 공감된다. 서울대 간 연예인을 부러워하며 하루에 16시간씩 공부하는 것을 당연하게 여기는 게 제대로 된 나라인지 의문이 든다. 서울대가, 대학이 인생의 전부인지 우리 사회에 묻고 싶다.

요즘 내가 수업에서 만나는 대학생들은 고등학교 때 살인적인 스케줄로 잠도 제대로 못 자고 공부만 해서 대학에 왔는데 2학년이 되면서 왜 대학에 왔는지 모르겠다며 혼란스러워 한다. 이것을 그들은 '대2병'이라고 부르기도 한다. 대학만 가면 장밋빛 인생일 줄 알았는데 막상 와보니 별거 없고 취업을 생각하니 오히려 막막해서 겁난다고 말한다. 서울대 학생들도 똑같은 두려움을 느낀다.

우리 교육은 무엇을 위해 청소년들에게 끝없이 공부를 강조하는 것일까?

더 안타까운 것은 성적이 높은 아이를 둔 부모가 성적에 대한 집착이 더 크다는 점이다. 늘 전교 1등을 하던 아이가 2등을 하니 집안이 초상집 분위기란다. 고등학생 자녀를 둔 지인의 이야기다.

전교 1등 이외에는 모두가 불행한 나라, 서울대 이외 대학에 진학한 학생들은 모두가 패배 의식이 있는 나라, 서울대생이어도 의대와 법대가 아니면 패배감을 느끼는 나라.

'과장이 심한 거 아닐까?'라는 의문을 가질 수도 있다. 내 지인 중에는 서울대와 비슷한 상위권 대학에서 교수 생활을 하는 이들이 많다. 그들은 하나같이 자기 학교 학생들이 자존감보다 서울대에 못 간 패배감을 더 크게 갖고 있어서 안타깝다는 말을 자주 한다. 우리 청소년들은 자신을 사랑하고 아끼기보다 타인과 계속 비교하면서 좌절하고 움츠러드는 일이 더 많다. 이제는 성적 중심이 아닌 더 가치 있는 다른 삶을 권해주어야 할 때다.

우리 모두 주체적인 사람으로
살아가면서 자기 자신을 소중하게 여기고
사랑하길 바란다.

주체성은 하루아침에 형성되지 않는다.
지식으로 가르쳐줄 수 있는 것도 아니다.
주체적인 사람으로 살아가기 위해서는
오랜 시간에 걸친 경험이 필요하고
수많은 시행착오와 반성, 성찰이 필요하다.

나는 삶을 살아가는 사람이라면 누구나 주체적이길 바란다. 내가 말하는 주체성은 매사에 적극적으로 행동하는 능동성과는 다르다. 구성주의 교육철학에서 강조된 능동성은 참여를 중요하게 생각한다. 예를들면, 수업 시간에 교수자나 동료들의 이야기를 듣고만 있으면 수업에참여하지 않는 사람으로 간주한다. 질문하고 토론에서 말을 많이 해야수업에 참여하는 사람이 되는 것이다.

능동적인 모습이 잘못이라는 것이 아니다. 하지만 능동성만 강조될때 매사에 보여주기식이 만연할 수 있다. 일본 교육학자인 사토 마나부는 이것을 '거짓 주체성'이라고 부르는데, 매우 적절한 표현이라고 생각한다. 내가 생각하는 '주체적인 사람'은 자신의 삶에 대해 고민하고 타인과 대화하면서 이야기에 귀를 기울이고, 그 과정에서 생기는 혼란과 갈등을 곰곰이 곱씹어볼 줄 아는 이다. 자녀가 자신을 있는 그대로 바라보고, 자신의 능력을 좋아하며, 부족한 부분도 알지만 주눅 들지 않고 당당하길 원한다. 무엇보다 우리 모두 주체적인 사람으로 살아가면서 자기자신을 소중하게 여기고 사랑하길 바란다.

주체성은 하루아침에 형성되지 않는다. 지식으로 가르쳐줄 수 있는것도 아니다. 주체적인 사람으로 살아가기 위해서는 오랜 시간에 걸친경험이 필요하고 수많은 시행착오와 반성, 성찰이 필요하다. 이 과정이성인에게만 필요하다고 생각하지 않는다. 어떤 연령대든, 어떤 실천 공동체든 가능하다.

미운 네 살, 미운 일곱 살

나는 아이가 두 돌 무렵, 어린이집을 다니면서부터 아이가 입고 싶은 옷을 입도록 해주었다. 내가 보기에 영 어울리지 않는 조합이더라도 추운 날 감기에 걸릴 것 같거나, 더운 날 두꺼운 옷으로 땀띠가 나지 않는 한 입게 두었다. 물론 아이가 옷과 양말을 고를 때 엄마인 내 의견을 말해주는 것을 잊지 않았다. 아이가 생각하지 못하는 날씨나 어린이집에서 하게 될 활동을 말해주면서 다른 옷이나 양말을 권했다. 하지만 아이가 생각을 바꾸지 않으면 뜻에 따랐다.

어린아이의 옷과 양말을 엄마가 정해주는 것이 무슨 문제냐고 생각할 수 있다. 나는 단순히 옷과 양말을 선택하는 문제에만 의사결정권을 준 것이 아니다. 사소하게는 옷과 양말이지만, 그 외에도 아이의 삶에서 선택이 필요할 때 엄마라는 이유로 마음대로 하지 않으려는 노력이었다. 아이가 자신의 선택에 책임지는 것을 경험하길 바라는 마음이었다. 아이는 청소년이 된 어느 날 얇은 옷을 입고 나가 추위에 엄청 떨어본 이후, 옷을 좀 더 두껍게 입기 시작했다. 반복된 잔소리보다 아이가 경험해보고 스스로 깨달아 고치는 것이 훨씬 효과적이다.

'미운 일곱 살'이라는 말이 있다. 요즘에는 '미운 네 살'이라고도 한다. 나는 이 표현이 사실 불편하다. 이 표현은 부모의 시선에서 바라본 아이의 모습이기 때문이다. 아이는 네 살이 되면 자기의 생각을 어느 정도 가진다. 일곱 살 아이는 네 살 아이보다 자의식이 훨씬 많을 수 있다. 이런 아이에게 하고 싶은 것을 못 하게 통제하면, 과연 순순히 부모 말을 따를까?

성격이 온순하거나 자의식이 많지 않은 아이들은 부모의 결정을 따를 수 있다. 하지만 대체로 자신이 하고 싶은 것을 주장하는 아이들이 많기에 '미운 ○살'이라는 말이 널리 퍼진 것이 아닐까. 아이가 어른만큼 성숙한 사고를 할 수 없다. 불안한 시선을 거두고 아이를 있는 그대로 믿고, 선택의 기회를 많이 주길 바란다. 가정에서 주체성을 경험한 아이들은 사회 차별이나 편견에 덜 휘둘리고 당당히 자신의 삶을 헤쳐 나갈 수 있으리라 생각한다.

더는 경쟁 중심, 서열 중심의 교육 때문에 패배감으로 위축되는 아이들을 보고 싶지 않다. 우리 모두 그 자체로 소중하다.

아이에게도
스스로 감당해야 할
상처가 있다

"제 아이의 인생도 책임질 수 없는데, 학생들의 인생을 어떻게 책임질 수 있겠어요?"

대학원 수업에서 웃으며 한 말이다. '교사는 학생들의 인생을 책임지는 존재'라는 말 때문에 내가 만나는 교사들은 자신이 짊어진 사명감의 무게가 때로는 너무 부담스럽다고 토로한다. 나는 평소 교사의 사명감에 대해 비판적으로 생각해왔다. 내가 낳은 아이의 인생도 내 마음대로 안 되는데 학생들의 삶 또한 마음대로 되지 않는 게 당연하다.

아이가 태어나면, 사회적으로 보호가 필요한 연약한 존재에 부모들은 책임감이 생긴다. 나도 신생아인 아이를 보며 어떤 상황이 와도 지켜주겠다고 약속했던 기억이 난다. 부모로서 자녀에게 의식주를 제공하고, 든든하게 지원해주는 것은 필요하다. 그렇다고 부모가 자녀의 인생을 책임져야 한다고 생각하지는 않는다. 나는 아이에게 기회가 될 때마다 "네 인생은 네 것이야. 엄마가 네 인생을 살아줄 수 없고 책임져 줄 수 없어" 라고 말한다.

보통은 아이가 그냥 듣고 흘려버리는 경우가 많은데, 때로는 "부모가 자식을 낳았으면 책임을 져야지. 안 그러면 왜 낳았어?"라고 반문할 때도 있다. 그럴 때면 나는 기다렸다는 듯이 이렇게 말한다. "부모는 자녀에게 의식주를 제공해주면 할 일을 다 한 거야. 네가 입을 옷을 사주고, 굶지 않도록 음식을 제공하고, 안전한 집에서 너를 재우고 있잖니? 엄마, 아빠는 부모로서 미성년인 너를 매일 책임지고 키우고 있어. 성인이 된 후의 삶은 네가 알아서 살아가는 거야."

아이는 마지못해 고개를 끄덕이지만 내심 이해가 안 간다는 표정이다.

아이가 오롯이 감당해야 할 경험과 상처

아이가 내 말을 완전히 이해할 것이라고 기대한 것이 아니다. 아이가 당연하다고 여기는, 부모에게 의지하는 마음을 성장하면서 조금씩 내려놓길 바라는 뜻에서 말한 것이다. 아이가 현재 미성년자이지만 나는 아이의 문제를 해결해주지 않는 편이다.

중학생이 되면서부터 아이는 여느 청소년처럼 친구 관계가 복잡미묘해지고 그 과정에서 속상하거나 상처받는 일이 생겼다. 지나고 보면 별일이 아닐 수 있지만, 당시에는 그보다 더 큰 문제는 없다고 생각하며 아

내가 아이의 삶에 크게 개입하지 않고자 안간힘을
쓰는 가장 큰 이유는 부모로서 아이를 마음대로
통제하지 않겠다는 다짐 때문이다.

**자녀가 엄연히 독립된 인격체임을 깨닫는다면
부모의 통제가 통하지 않음을 알 것이다.**

이가 힘들어했다.

그런 경우, 나는 아이의 이야기를 들어주고 내 의견을 말해주는 선에서 그친다. 아이의 문제를 나서서 해결해줄 수 없지만 설사 그렇다고 하더라도 매 순간 그렇게 해줄 수 없기 때문이다. 나아가 내가 나서는 것은 아이에게 결코 좋은 일이 아니다. 눈에 넣어도 안 아플 만큼 사랑스러운 아이지만, 커가면서 겪을 다양한 경험과 상처도 아이가 오롯이 감당해야 할 몫이다.

엄마로서 아이에게 해줄 수 있는 말은 "힘들면 혼자 끙끙 앓지 말고 언제든지 엄마나 아빠에게 얘기해. 함께 고민하고 해결 방법도 찾아보자" 정도다. 울음을 멈추고 겨우 진정한 아이를 뒤로하고 방문을 닫고 나오는 내 마음은 무척 무거웠지만, 아이 스스로 잘 헤쳐나가길 바랄 뿐이었다. 다행히도 아이는 중학교 3년 동안 이런 과정들을 거치면서 친구들과의 문제를 혼자 해결하기 시작했고, 이후 아이가 우는 모습을 거의 보지 못했다.

자녀를 존중하지 않는 것이 방종

내가 아이의 삶에 크게 개입하지 않고자 안간힘을 쓰는 가장 큰 이유는 부모로서 아이를 마음대로 통제하지 않겠다는 다짐 때문이다. 자녀를 키워본 사람은 누구나 부모가 원하는 대로 자녀가 커 가는 일은 별로 없다는 말에 공감할 것이다. 부모가 원하는 만큼 자녀가 잘 따라준다면 세상에 공부를 못 하는 학생들은 없을 것이고, 문제를 일으키는 아이도 없을 것이다. 자녀가 엄연히 독립된 인격체임을 깨닫는다면 부모의 통제가 통하지 않음을 알 것이다.

미성년 자녀를 통제하는 것이 무조건 나쁘거나 필요없다고 말하는 것은 아니다. 자녀의 안전을 위해서라든가 피치 못하게 통제할 수 있는 상황은 물론 있다. 다만 자녀라는 이유로 아이를 매사에 내 마음대로 하는 것은 옳지 못하기에 '통제'에 대해 늘 조심하는 것이다.

나는 부모로서 자녀에게 갖는 '책임감'이라는 단어를 경계하는 편이다. 부모가 책임감에 매몰될수록 자녀의 인생을 부모가 설계하고, 설계대로 자녀를 이끌고자 통제하게 된다. 부모의 설계대로 자녀가 잘 따라오지 않을 때 부모는 자녀를 다그치게 되고, 책임을 다하지 못했다는 자책감도 갖게 된다. 자녀의 인생을 책임지지 않는 것은 자녀에 대한 방종이 아니다. 자녀를 하나의 인격체로 인정하거나 존중하지 않는 것이 방종이라고 생각한다. 많은 부모가 자녀를 있는 그대로 봐주고 존중해주길 바란다.

○
결과보다
노력하는 과정을
칭찬해준다면

나는 아이를 키우면서 교과목 관련 사교육을 시켜본 적이 없다. 좋은 성적을 받아야 한다고 말한 적도 없다. 대학에 반드시 가야 한다고 말해본 적도 없다. 아이가 학교에 다니면서부터 내가 가장 많이 했던 말은 "오늘은 누구랑 놀았어?", "친구들과 사이좋게 잘 놀았어?" 혹은 "오늘 점심에는 뭘 먹었어?"였다. 언젠가 아이가 하교 후 간식을 먹으며 나에게 "엄마는 그 말밖에 아는 말이 없어?"라고 웃으며 놀리듯 물어본 적이 있다.

아이가 좀 더 큰 후 자주 해주는 말은 "세상을 제대로 볼 수 있는 능력이 있으면 좋겠어" 혹은 "타인에게 의도적으로 피해를 주면 엄마가 널 편들어줄 수 없어"였다.

아이가 공부 잘하는 것을 원치 않는 부모가 있을까? 나도 아이가 시험을 쳐서 만점을 받아오면 기분이 좋고 아이가 공부에 재능이 있는 것은 아닐까 하는 착각을 하기도 했다. 이런 나의 착각을 예상한 듯 아이의 성적은 놀이동산의 롤러코스터처럼 오르락내리락을 반복하며 나에게 현실을 일깨워주었다.

다그침 대신 믿음으로 기다리자

생각해보니 나도 처음부터 아이를 믿고 기다려준 것은 아니었다. 아이의 점수에 일희일비하거나 신경을 곤두세운 것은 아니었지만, 은연중에 아이가 어느 정도는 공부를 잘할 거라고 생각했다. 대학에서 수학을 전공한 나는 수학 실력이 유전이 아님을 잘 알았지만, 아이가 학원이나 과외를 하지 않아도 수학을 웬만큼 할 것이라고 예상했다.

초등학교 고학년만 올라가도 수학이 쉬운 과목이 아니다. 하지만 내가 쉽게 가르쳐주면 아이가 나름 잘 이해하리라 기대했다. 흔히 가족은 가르치기 어렵다고 하는데 나는 친동생과 사촌 동생들 과외는 물론이고, 남편 운전 연습도 직접 도와주었다. 아이도 무엇이든 나에게 물어보는 것을 선호하고, 내가 설명하면 그 순간만큼은 잘 이해했다.

그럼에도 불구하고 아이가 초등학교 3~4학년 무렵 다른 교과보다도 수학에 대한 이해도가 낮았다. 하루만 지나도 내가 설명한 내용을 완전히 잊어버리는 아이를 보며 처음에는 놀라움을 넘어 당혹스러웠다. 사칙연산과 같은 셈조차 잘 못 하는 아이를 보며 처음엔 기초가 부족해서 그런가 보다는 생각으로 기초부터 차근차근 알려주기도 했다.

아이를 옆에서 지켜보면서 몇 가지를 새롭게 느꼈다. 기본 실력이 문제가 아니었다. 아이는 다른 교과목에서는 사고력이 나름 괜찮거나 좋은 편인데, 유독 수학과 관련된 사고력이 뛰어나지 않을 뿐이었다. 수학을 싫어해서 수학 관련 사고력이 부족한 것인지, 수학 관련 사고력이 부족해서 수학을 싫어하는 것인지는 명확히 알 수 없다.

엄밀히 말하면 그것은 나의 관심사가 아니었다. 나는 사람마다 잘하는 능력이 다르다는 관점에 뿌리를 두고 있기에, 내 아이가 모든 분야에서 뛰어나야 한다고 생각하지 않는다. 나는 아이가 한 해 한 해 자라면서 수학을 어떻게 대하는지 관찰하기 시작했다. 누구나 그러하듯이 아이는 자신이 잘하는 교과목에는 시간을 많이 할애하고, 수학에는 시간을 거의 쓰지 않았다. 때로는 아이에게 좀 더 시간을 쏟으며 노력해보라고 잔소리했지만, 강제로 시키지는 않았다.

나는 아이가 수학을 못 해도 좋으니 혐오하거나 포기하지 않기를 바랐다. 아이는 고등학생이 되어서도 여전히 수학을 왜 배우는지 이해할 수 없다고 말하면서도 조금씩 수학에 시간을 쏟기 시작했다. 중학교 때는 나를 거의 찾지 않더니, 고등학생이 되어 수학 숙제를 하거나 시험을 준비하면서 나에게 자주 묻곤 한다. 아이에게 설명해주고, 방문을 나오려고 하면 아이는 농담 반 진담 반으로 "엄마, 나는 시험만 보면 이 내용을 바로 잊어버릴 거야"라고 말해 날 웃게 한다.

아이가 주체적으로 사고하고 배우는 소중한 경험

아이는 어느새 엄마인 내가 어떤 사람인지를 깨닫고 있다. 아이는 내가 수학 점수가 아니라 최선을 다해 노력하는 것 자체를 중요하게 여긴다는 것을 안다. 그동안 아이에게 "성인이 돼서 수학 관련 일을 안 하면 평생 배운 내용을 쓸 일이 없어. 엄마도 교육학으로 전공을 바꾸고 수학은 거의 잊어버렸어. 그러니 수학 때문에 너무 스트레스받지 마. 성적이 낮아도 괜찮아. 노력해서 그 정도면 충분해"라고 진심으로 말해주었다. 이제 그 말의 의미를 아이가 깨닫는 것 같아 보람을 느낀다. 아이에게 수학을 잘해야 한다고 다그치거나 사교육을 시켰다면 아이는 수학을 더 밀어내지 않았을까 싶다.

부모가 되어 보니 아이를 믿고 기다려주는 게 말처럼 쉬운 일이 아니었다. 타인에게 말하기는 쉬워도, 스스로 실천하기에는 많은 인내와 노력이 필요하다는 것을 아이를 키우는 과정에서 여러 번 느꼈다. 그나마 나는 성적에 연연해하지 않는 관점에 단단히 뿌리를 두고 있기에 삶의 중간중간에 바람이 불어도 덜 휘청거리며 무게중심을 잡을 수 있었다. 나처럼 생각하는 사람들도 뿌리가 단단하지 않으면 아이가 초등학교 1학년이 되는 순간 자신의 신념을 내려놓고 사교육에 충분히 휘둘릴 수 있겠다는 생각이 든다.

사교육이 무조건 나쁘다는 의미가 아니다. 사교육에 의존하기 시작하면 걷잡을 수 없이 의존하게 된다. 아이가 주체적으로 사고하고 배우는 소중한 경험이 사라지는 것을 경계해야 한다. 나는 내 아이를 포함해 모

든 아이가 1등이 아니라 주체적으로 인생을 살아가길 원한다. 매사에 잘
하라고 다그치는 대신 아이를 믿고 지켜볼수록 아이는 주체적으로 성장
해 삶의 주인공이 될 것이다.

○

아이에게
방세를
받기로 했다

아이가 중학생이 되면서부터 나와 남편은 아이에게 고등학교를 졸업하면 집에서 독립해야 한다고 말했다. 독립할 수 없는 상황이라면 부모 집에 거주하는 동안 방세를 내라고 했다. 처음에 아이는 농담하는 줄 알고 대수롭지 않게 흘려들었다. 그래서 아이에게 현실감을 주고자 방세가 구체적으로 얼마인지 얘기해주었더니, 그제야 눈을 크게 뜨며 놀랐다. 설마 부모가 자신에게 돈을 받을까 싶었나 보다. 아이는 어떤 부모가 자식에게 방세를 받냐며 억울한 듯이 투덜거렸다. 나는 이때다 싶어 아이에게 제안했다.

> 🔵 방세를 엄마랑 아빠가 반반 나눠서 받을 텐데 엄마 돈은 안 낼 방법이 있어.

아	(반색하며) 그래? 방법이 뭐야?
나	아침에 나갈 때 엄마에게 뽀뽀해주고 저녁에 자기 전에 엄마를 업어주면 돼.
아	(신이 나서) 그 정도는 충분히 할 수 있어. (남편을 보며) 그럼 아빠도?
남	(고개를 가로저으며) 아니, 아빠는 돈이 좋아.

아이는 남편의 장난 섞인 답을 어느 정도 예상했으면서도 막상 들으니 실망스러운지 아쉬운 표정을 지었다. 그런 아이를 보며 남편과 나는 한참 웃었다. 이후부터 나는 기회가 될 때마다 아이에게 독립에 대해 말해주었다.

독립의 진짜 의미

사실 나는 아이에게 말한 것과는 달리 성인이 되자마자 부모님에게서 독립하지 않았다. 당시만 해도 나와 같은 20~30대 자녀들은 직장을 타지역에 얻거나 결혼하게 되면 자연스레 부모에게서 독립했다. 나도 결혼 전까지 부모님과 한집에 사는 것을 당연하게 생각했다. 이런 생각이 미국으로 유학을 가면서 달라졌다. 미국의 젊은이들은 성인이 되면서 부모에게서 독립한다는 것을 나 또한 알고 있었지만, 어떤 의미인지 구체적으로 생각해본 적은 없었다. 마냥 다른 문화권의 방식이라고만 생각했

나는 부모가 성인인 자녀를 바라볼 때
언제나 보호와 도움을 제공해주어야 할
미성숙한 존재로 인식하지 않길 바란다.

내 아이가 성인이 되어 부모인 나와 남편에게
필요할 때 의견을 구할 수는 있지만,
우리에게 의존하는 것을 당연하게 여기게끔
만들고 싶지 않다.

다. 그런데 유학 시절에 만난 미국 친구들은 모두 고등학교를 졸업하자마자 독립해서 혼자 사는 것이 아닌가.

그들의 문화에 들어가서 직접 삶을 보니 문득 궁금해졌다. 도대체 왜 미국인들은 성인이 되어 부모와 함께 사는 것을 창피하게 여길 만큼 꺼리며 독립하는 것일까? 그러고 보니 캠퍼스에 다니는 미국 대학생들과 나의 모습이 뭔가 다르다는 느낌이 들었다. 단순히 외모가 다르다는 것이 아니었다. 미국 대학생들은 생활에서 스스로 의사결정을 내리고 책임지는 야무진 면이 느껴지는 반면, 우리나라 대학생들은 세상 물정 모르는 순진한 면이 느껴졌다.

미성숙하다는 시선 대신 독립적인 존재로 봐주자

나는 왜 그렇게 다르다고 느꼈을까? 나만 그렇게 느꼈을 수도 있겠지만, 당시 나에게는 이 질문이 꽤 의미 있고 중요했다. 질문을 곱씹어보면서 한국 사회가 대학생을 성인과 학생 중간 위치로 바라보고 있음을 깨달았다.

당시 우리나라에는 "대학생이 뭘 알아?"라는 시선이 많았다. 대학생들 덕분에 1980년대 민주화 운동이 지속되며 민주주의가 정착될 수 있었음에도 불구하고, 사회는 여전히 대학생을 성인보다 학생으로 인식하는 시선이 강했다.

사실 지금도 크게 달라졌다고 생각하지 않는다. 요즘도 '학생'이라는 단어에는 '미성숙'이라는 의미가 내포되어 있고, 주체적으로 생각하기보다 누군가의 도움이나 보호가 필요한 존재라는 뜻이 담겨 있다. 고등학교를 졸업하고 사회에 진출하여 직업을 가진 경우는 사회에서 성인으로 대하니 부모와 한집에 살아도 상대적으로 자신을 성인으로 인식하기가 용이하다. 사회 진출을 아직 하지 않은 대학생은 학교에서 대부분 시간을 보내다 보니 성인이면서도 성인 같지 않은 삶을 사는 것이 어쩌면 당연하다.

대학생들이 주체적으로 생각하고 행동하도록 만드는 환경은 부모에게서 독립할 때 이뤄질 수 있을 거라는 생각이 든다. 미국의 대부분 대학이 신입생에게 기숙사 생활을 하도록 하는 것도 부모의 그늘에서 벗어나 홀로서기 하라는 의미가 담겨 있음을 이해하게 되었다.

미국 문화가 무조건 좋고 우리 문화가 무조건 나쁘다는 의미가 아니다. 사람마다 얼마든지 생각이 다를 수 있다. 다만 나는 부모가 성인인 자녀를 바라볼 때 언제나 보호와 도움을 제공해주어야 할 미성숙한 존재로 인식하지 않길 바란다. 내 아이가 성인이 되어 부모인 나와 남편에게 필요할 때 의견을 구할 수는 있지만, 우리에게 의존하는 것을 당연하게 여기게끔 만들고 싶지 않다.

성인이 되었다고 갑자기 독립하라고 말하면 아이도 마음의 준비가 안될 수 있다. 그러니 나는 청소년 시기에 수시로 아이에게 고등학교 졸업 이후 독립을 말해주는 것이다. 아이가 힘들 때 부모로서 당연히 버팀목이 되어줄 테니 걱정하지 말고 세상에 나가 부딪히며 실패와 좌절, 성공을 경험해보길 바란다. 상황이 여의치 않으면 우리와 함께 살면서 독립과 마찬가지로 방세를 내는 것이 합당하다고 생각한다.

지인 중 일부는 나에게 야박하다고 눈을 흘기면서도 방세 탕감을 위한 제안은 왜 했냐고 웃으며 물었다. 내가 그 제안을 한 이유는 간단하다. 아이가 커가면서 부모와 애정 표현이 점점 줄어든다. 어릴 때는 천년만년 나에게 뽀뽀해줄 것 같더니 고등학생이 되니 더 이상 뽀뽀는 없다. 어쩌다 큰마음 먹고 나를 한 번 안아주는 것이 전부다. 성인이 되어서도 매일 아침저녁으로 나에게 사랑이 담긴 표현을 해준다면 방세 정도는 기꺼이 탕감해주고 싶다. 어차피 방세를 세게 부를 테니 남편 방세만으로도 독립의 의미는 충분하지 않을까 싶다.

대학에 가지 않는다고
패배자가 되는 건
아니야

누구나 현재보다 더 나은 삶을 원한다. 누구나 지금보다 더 좋은 능력을 가지기 바랄 것이다. 그런데 바람이 지나쳐 아이의 성장 가능성을 제대로 보지 못하는 우를 범할 수 있다. 이것이 우리나라가 직면한 문제 중 하나가 아닐까 싶다.

자식을 키우는 부모의 대부분은 아이가 유명 대학에 진학하는 것을 목표로 한다. 하지만 아이가 어릴 때 일시적으로 그런 목표를 가지는 것이 아니라 초등학교를 거쳐 중학교, 고등학교에 진학할 때까지 일관되게 목표로 하는 것은 위험해 보인다. 아이마다 잘하는 능력이 다르다는 것을 부모가 모르지 않는다. 그런데도 자신의 아이는 유독 공부 쪽으로 능력이 있으리라 믿고 끝없이 사교육에 매진하는 부모가 많다. 그러다 아이가 공부에 소질이 없는 것을 깨닫는 순간, 아이에게 크게 실망하고 급기야 아이의 그런 모습을 창피하게 생각한다. 무척 안타까운 순간이다.

나는 내 아이가 반드시 대학에 가야 한다고 생각하지 않는다. 배우고 싶은 것에 어느 정도 확신이 있거나, 확신이 없더라도 대학에 가서 찾아보고자 하는 마음이 있다면 대학 진학을 만류할 이유가 없다. 그런데 대학에 왜 가야 하는지 필요성을 알지 못하는 아이에게 어느 대학이든 상관없으니 무조건 대학에 가야 한다고 말하고 싶지 않다.

실제로 나는 아이가 고등학생인 지금까지 교과목 관련 사교육을 시켜본 적이 없고, 좋은 성적을 받아야 한다고 강조해본 적이 없다. 대학에 반드시 가야 한다고 말해본 적도 없다. 내가 아이에게 자주 하는 말은 "세상을 제대로 볼 수 있는 능력을 갖기를 바란다" 혹은 "타인에게 의도적으로 피해를 준다면, 엄마는 너를 편들어줄 수 없다"는 정도다. 아이의 나이에 따라 눈높이를 맞추어 쉽게 말하고자 나름 노력해왔다.

간혹 친척이나 지인에게 내 아이가 대학에 안 갈지도 모른다고 말하면 다들 어이없다는 표정을 한다. 말은 하지 않아도 표정에는 '웬 실없는 소리?' 혹은 '설마'라는 의미가 담겨 있다. 그럴 때마다 나는 우리 사회가 대학 진학을 당연시하고 있음을 새삼 실감한다.

좋은 대학과 좋은 직장을 강조하지 말자

10~20년 전과 비교해서 대학 졸업자가 많이 증가했지만, 그만큼 우리나라 국민의 지적 수준이 나아졌는지는 모르겠다. 과거에 비해 대학을

졸업한 사람들은 기하급수적으로 많아졌는데, 더불어 살아가는 공동체 인식 수준이 예전에 비해 높아졌는지 확신이 들지 않는다. 대학 진학의 목표가 학문 탐구 혹은 특정 직업을 위해 필요한 전문 지식을 배우는 것이 아니라 타인에게 '대졸자'임을 알리기 위한 경우가 많다.

세계에서 우리나라만큼 대학 졸업자가 많은 나라가 또 있을까? 지난 몇십 년 동안 목적 없이 앞다투어 대학에 진학하다 보니 오히려 대학 졸업장은 경쟁력을 상실하고 있고, 대졸자의 실업률도 점점 높아지고 있다. 대학생들은 4~5년 동안 비싼 등록금을 내느라 아르바이트를 하거나 학자금 대출에 허덕인다. 급기야 졸업 후 취업조차 보장되지 않는 사회에서 암울함을 느끼고 있다. 우리는 왜 이런 사회를 만들었을까? 우리는 정녕 앞으로도 이런 사회를 지속하고 싶은 것일까?

초중등학교부터 대학에 가거나 좋은 직업을 가져 돈을 많이 버는 것을 더는 강조하지 않기를 바란다. 가정에서는 말할 나위도 없다. 공동체가 제 기능을 하려면 월등하기를 바라는 것보다 각자의 작은 위치까지도 얼마나 소중하고 의미 있는지를 아는 게 중요하다. 가정과 학교에서 아이들이 여기에 대해 늘 고민하고 논의하는 노력이 필요하다.

언제부턴가 "직업에 귀천이 없다"는 말을 자주 한다. 그런데 우리 사회가 실제로 그러한가? 직업에 귀천이 없다는 말을 당위적으로만 생각할 뿐, 실제 살아갈 때 타인을 직업으로 차별하는 일이 비일비재하지 않은가?

사무직과 노무직 종사자에 대한 차별이 여전히 강한 것이 현실이다. 사무직도 어떤 직종인가에 따라 차별이 존재한다. 내 수업에서 만난 대

10~20년 전과 비교해서 대학 졸업자가 많이 증가했지만, 그만큼 우리나라 국민의 지적 수준이 나아졌는지는 모르겠다. 과거에 비해 대학을 졸업한 사람들은 기하급수적으로 많아졌는데, 더불어 살아가는 공동체 인식 수준이 예전에 비해 높아졌는지 확신이 들지 않는다.

공동체가 제 기능을 하려면 월등하기를 바라는 것보다 각자의 작은 위치까지도 얼마나 소중하고 의미 있는지를 아는 게 중요하다. 가정과 학교에서 아이들이 여기에 대해 늘 고민하고 논의하는 노력이 필요하다.

부분 학생은 연애할 때 상대방을 부모에게 언급하면 첫 질문이 "어느 대학 다니니?"라고 한다. 그러다 보니 부모가 원치 않을 수준의 대학이라고 스스로 생각되면 아예 이성 친구가 있다는 말을 꺼내지 않는다며 씁쓸해하기도 한다.

아이가 주체성을 갖는 삶을 응원하자

우리 학생들과의 논의에서 내가 가장 안타깝게 생각하는 순간이 있다. 초중등학교에서 배운 "직업에 귀천이 없다"라는 말이 교과서에만 존재한다는 것을 성인이 되어 깨닫게 되면서 오히려 자신의 자녀는 반드시 대학에 진학시키겠다는 생각을 확고히 할 때다.

학생들은 대학 진학이 중요한 것이 아니라 대학을 향한 차별의 시선을 없애는 것이 필요하다는 것을 안다. 하지만 이율배반적으로 무조건 미래에 자녀를 대학에 꼭 보내겠다는 것이다.

웬만해서는 우리 사회에 공고하게 자리 잡은 학벌 위주의 차별이 개선되기 어렵다는 사실을 엿볼 수 있다. 그렇다고 나도 손을 놓고 싶지 않다. 나부터 학벌 지상주의에 휩쓸리지 않도록 노력한다. 초중등학교를 다니는 아이를 보며 대학을 머릿속에 그리는 것이 아니라 아이가 좋아하는 것이 무엇인지 살펴보는 게 내 역할이다. 그 사실을 나는 매일같이 스스로에게 다짐하고 또 다짐한다. 대학에 진학하지 않더라도 아이가 주눅 들거나 패배자라고 생각하지 않도록 나부터 생각을 바꾸고 아이를 응원한다. 아이가 자신의 인생을 살아가는 데 주체성을 갖도록 돕는다. 자신이 좋아하는 일을 찾아가는 과정에서 언제나 힘이 되어주는 부모가 되려고 노력한다.

지속적으로 마음을 다잡으며 노력하다 보니, 아이를 바라보는 시선도 점점 달라졌다. 예전에는 공부 대신 음악 듣는 모습이 얄미웠다면 어느 순간부터 "음악을 꽤 좋아하는구나. 감수성이 좋겠네"라며 아이가 예뻐 보이기 시작했다. 아이를 있는 그대로 봐야 한다는 이론이 조금씩 실천되는 신기한 경험이었다.

남들이
아는 만큼의
기본 실력?

남편은 아이에게 사교육을 시키지 않는 내 가치관에 동의하면서도 아이가 중학생이 되자 가끔씩 불안해했다. 평소에는 별말이 없다가도 뜬금없이 이런 말을 한 번씩 했다.

"1등을 바라는 것은 아니지만 그래도 기본 실력은 갖추어야 하지 않을까? 학원에 안 보내도 괜찮아? 정말?"

처음에 이 말을 들었을 때는 대수롭지 않게 여기며 "괜찮아. 지금 정도면 기본 실력은 있으니 굳이 학원에 보내지 않아도 돼"라고 말했다. 아이가 상위권 성적은 아니어도 하위권 성적도 아니었기에 나는 기본 실력이 없다고 생각해본 적이 없다. 남편도 더는 말이 없었는데 한참 지난 후 또 같은 얘기를 꺼냈다. 이런 일이 몇 번 반복되면서 나는 남편과 제대로 된 대화가 필요하다고 느꼈다.

남편에게 자신이 생각하는 기본 실력이 무엇인지 물었다. 남편은 당연하다는 듯이 남들이 아는 정도의 개념과 이론이라고 말했다. 그 말이 틀린 건 아니지만, 말에 함정이 있었다.

나는 남편에게 다시 물었다. 남들이 다 안다는 기준이 어느 정도인지, 사람마다 그 기준이 동일하다고 생각하는지 말이다. 순간 남편은 자신의 장점인 논리성을 떠올리며 마땅히 할 말이 없는지 머뭇거렸다.

학창 시절 공부를 잘했던 남편과 나도 서로 생각하는 기본이 다르다는 것을 일상에서 자주 확인하고 웃을 때가 많다. 1년 차이로 학교를 다닌 나와 남편은 서로 배운 교육과정이 거의 동일했다. 중고등학교를 졸업한 지 오래되어 당시에 무엇을 배웠는지 기억이 안 나는 나와 달리, 남편은 사소한 내용을 많이 기억했다. 내가 그런 것을 배웠는지조차 기억이 안 난다고 말하면 기본인데 어떻게 모를 수 있냐고 놀리듯 말했다. 이에 질세라 나도 간단한 수학 공식을 몇 개 말하면 남편은 까맣게 잊어버린 경우가 많았다. 수학에서 이 정도는 기초 공식이라고 말하면 남편은 고등학교 졸업 후 한 번도 써본 적이 없는데 그게 왜 기초 공식이냐고 억울하다고 말했다.

"중학생이라면 이 정도는 알아야지"라는 말은 상당히 조심스러운 표현이다. 중학생의 관심사가 저마다 다르고 수준 또한 천차만별이다. 우리는 은연중에 상위권 성적을 기준으로 두고 기본이라고 말하는 것은 아닐까? '남들이 아는 만큼'이라는 말에서 '남들'도 성적이 좋은 학생들이 기준이다. 자녀를 학원에 보내는 내 지인들이 가장 많이 하는 말도 "공부를 잘하라기보다 남들만큼은 알아야 하니까 보낸다"이다. 이 말이

"중학생이라면 이 정도는 알아야지"라는 말은
상당히 조심스러운 표현이다. 중학생의 관심사가
저마다 다르고 수준 또한 천차만별이다.
우리는 은연중에 상위권 성적을 기준으로 두고
그런 수준을 기본이라고 말하는 것은 아닐까?

'기본 실력'이라는 단어에 매몰되지 말고
아이들이 관심을 보이는 교과목이나 내용이 있다면

언제든 용기를 주며 응원해주자.

설득력을 가지려면 성적이 하위권인 학생들만 학원에 다니면 된다. 그런데 실제로 여러 학원에 다니는 지인들의 아이를 보면 성적이 상위권인 경우가 더 많았다. 수학 시험을 80점 받아서 학원에 보내야 한다는 지인도 자녀의 기본 실력이 부족해서라고 말한다. 남편이 말한 기본 실력도 크게 다르지 않았는데 정작 자신은 깨닫지 못한 것이다. 나와의 대화로 은연중에 갖고 있던 욕심이 '기본 실력'이라는 단어 뒤에 숨어 있었음을 깨달은 후, 남편은 더는 기본 실력을 위해 사교육을 시키자는 말을 하지 않았다.

아이의 기본 실력보다 관심과 흥미를 응원해주자

나는 기본 실력을 시험 성적으로 정의하지 않는다. 내가 생각하는 기본 실력은 글을 읽고 쓰며 이해하는 능력, 수를 활용하여 셈을 계산할 수 있는 능력 정도다. 이 정도만 갖추어도 아이가 학교에서 배우는 교과목을 이해할 수 있다. 그러면 아이는 자신의 관심이나 흥미에 따라 어떤 교과나 내용은 잘할 것이고, 어떤 부분은 잘하지 않을 수도 있다. 다른 아이들이 과학에서 80점을 받았다고 해서 우리 아이도 80점을 받아야만 기본 실력이 있다고 생각하지 않는다. 내 관심사는 아이가 과학을 어떻게 생각하는가에 있다. 아이가 조금이나마 과학에 흥미를 갖고 있다면 시험 점수가 낮더라도 나는 아이를 격려하며 괜찮다고 말한다. 아이가 과학을 너무도 싫어한다면 억지로 학원을 보내면서 기본은 하라고 다그치고 싶지 않다.

나는 아이를 키우면서 아이에게 기본 실력을 갖게 해주려는 대신, 아이가 무엇을 좋아하는지 함께 찾아나가는 노력을 하고 있다. 성적이 낮아도 아이가 재미있어하면 나와 남편은 아낌없이 칭찬해준다. 한때 아이는 화학을 재미있어하며 꽤 많은 시간을 할애했다. 아이가 대학 전공으로 화학을 고려하기까지 해서 신기하기도 했다. 기초 학문을 좋아하는 나와 남편은 아이의 선택을 응원하며 화학이 얼마나 유용한 학문인지에 대해 이런저런 얘기를 나누기도 했다. 화학에 대한 아이의 흥미는 안타깝게도 그리 오래 가지 않았다. 내용이 갑자기 어려워지면서 아이는 버거워했고 어느 순간 흥미와 노력도 사라졌다. 남편과 나는 아쉬워했지만 달리 방법이 없다는 것도 알았다. 늘 그랬듯이 선택은 아이가 하는 것이다. 우리는 조만간 아이가 흥미를 갖는 다른 교과목이 생기길 기다릴 따름이다.

대학 입시를 위해 아이의 학업을 바라본다면 우리 부부는 아이에게 별 도움이 되지 못하는 부모다. 입시를 위해서라면 일찌감치 중학교부터 전공을 정해놓고 기본 실력들을 차곡차곡 쌓고 다양한 스펙을 쌓도록 계획을 세워야 한다. 이런 문화에서 고등학교에 진학하여 전공을 수시로 바꾸는 것은 자칫 위험하거나 모험일 수도 있다. 나는 대학 입시가 아이 교육의 목표가 아니기에 이런 교육 문화에서 보다 자유롭고 싶다.

나는 아이가 자신이 좋아하는 것을 찾고 직업을 갖길 바란다. 무엇을 좋아하는지 탐색하고 찾는 과정이 공교육이라고 생각하므로 아이가 고등학교를 졸업하고 곧바로 대학에 가야 한다고 생각하지 않는다. 대학

에 가지 않아도 되는 일을 선택한다면 그 또한 기쁜 마음으로 응원할 것
이다.

기본 실력을 쌓느라 자신이 좋아하는 분야가 무엇인지 고민하고 찾을
시간이 없는 현재 우리나라 교육 상황이 안타깝다. '기본 실력'이라는 단
어에 매몰되지 말고 아이들이 관심을 보이는 교과목이나 내용이 있다면
언제든 용기를 주며 응원해주자.

너의 모습
그대로가 좋아

"유럽의 한복판에 사는 '초보 교민'입니다. 저는 이곳에 살면서 성소수자인 현직 장관을 만났고, 총리도 만났습니다. 그들은 능력을 인정받고, 사회적으로 성공했으며, 적법하게 혼인 신고한 동성 배우자와 행복한 삶을 삽니다. 그들은 장애자도 병자도 아닙니다. 그저 다를 뿐입니다. 성소수자로 안타깝게 세상을 떠난 모든 분을 애도합니다."

2021년 초, 성소수자인 변희수 하사의 사망 소식을 접한 해외 교민 한 분이 페이스북에 올린 글의 일부다. 사람이 저마다 모습과 성격이 다름을 알면서도 우리 사회에서 다름은 여전히 차별의 대상이 된다. 사회에 존재하는 뿌리 깊은 차별은 사람들에게 잘못을 인지하고 고쳐나가도록 하기보다, 남들에게 차별을 받지 않도록 자신의 모습을 감추거나 자존감을 떨어뜨리게 만든다. 이런 차별은 성인뿐만 아니라 자라나는 아이에게도 고스란히 영향을 준다.

성 정체성과 성 지향성에 대한 차별

아동에서 청소년기로 접어들면서 아이들은 정체성에 대해 많은 생각과 고민을 한다. 성 정체성Sexual Identity과 성 지향성Sexual Orientation도 그중하나다. 성 정체성은 태어날 때 정해지는 성별을 의미한다. 우리가 흔히 말하는 남성과 여성이 여기에 해당된다. 누군가는 남성 혹은 여성으로 태어나 평생 그 성별로 살아가는 데 아무런 문제가 없다. 반면, 누군가는 청소년기를 거치며 태어난 성별에 대해 혼란을 겪고 그 과정의 끝에 다른 성별을 자신의 진정한 모습으로 인식한다. 요즘 우리에게 익숙한 트랜스젠더들이 후자에 해당된다.

이제 우리 사회는 여성, 남성, 트랜스젠더 등 다양한 성 정체성이 존재한다. 성 정체성과 함께 자주 언급되는 또 하나의 단어가 성 지향성이다. 이성에게 마음이 끌리고 사랑의 감정을 갖는 이성애자가 있는가 하면 동성을 사랑하는 동성애자가 있다. 이성과 동성 모두에게 사랑의 감정을 갖는 양성애자도 있다. 사람이 타인에게 끌리고 사랑의 감정을 갖는 것은 억지로 할 수 있는 일이 아니다. 이성애자에게 동성을 사랑하라고 한다면 가능할까? 이런 의미에서 성 지향성은 더이상 개인의 특성으로만 바라볼 것이 아니라 사회에서 인정받고 존중받아야 할 인간의 자연스러운 모습임을 학계도 인정했다.

내가 어릴 때만 해도 성교육이라는 단어가 존재하지 않았고, 학생이 연애하는 것은 죄악시되었다. 이차 성징이 시작되면서 서로 다른 성별에 관심을 갖는 것은 지극히 자연스러운 것임에도 불구하고, 대부분의 중고등학교가 여학교와 남학교로 분리되어 있었다. 그러다 보니 여학교에서 남성성이 강한 행동을 하는 여학생의 인기가 하늘을 찌를 듯이 높았다. 흥미로운 점은 여학교에서 남성성이 강한 여학생은 인기인 반면, 남학교에서 여성성이 강한 학생은 남자답지 못하다는 이유로 놀림을 받는 일이 많았다. 당시 만연했던 남성 중심 문화가 중고등학생들에게도 자연스레 스며든 것이다.

청소년기에 사람은 누구나 성 지향성에 혼란을 겪을 수 있다. 누군가는 동성 친구에 대한 친구의 감정을 사랑으로 잠시 오인하기도 하고, 누군가는 단순한 오인이 아니라 실제로 느끼기도 한다. 전자의 경우는 시간이 지나면서 바뀌지만, 후자인 경우는 청소년들이 한동안 방황하며 자살 충동을 느끼기도 한다.

한 논문에 의하면, 1950~60년대 미국 청소년의 자살 원인 1위가 성 지향성과 관련된 성 정체성의 혼란 때문이었다. 당시 미국 사회는 동성애자에 대한 혐오가 극에 달했다. 자녀가 고민 끝에 동성애자라고 부모에게 밝히면 대부분 부모는 충격을 받고 자녀의 존재 자체를 부인하며 집에서 쫓아냈다. 사회가 요구하는 성 정체성 혹은 성 지향성이 아니라는 이유로 부모조차 거부한 것이다. 이것이 사회문제로 인식되면서 미국 사회에서 성 정체성에 대한 논의가 활발해졌고, 지금은 성소수자란 이유로 차별하는 것이 법으로 금지되었다.

물론, 차별금지법이 존재하더라도 여전히 성소수자란 이유로 당사자를 차별하는 사람들은 있다. 이런 사람들의 수가 줄어들수록 사회는 차별을 없애고 다름을 인정하는 문화를 정착시킬 수 있다. 변희수 하사에 대한 국내와 해외 기사를 비교해보면 우리 사회가 어떤 다른 모습을 보이는지 좀 더 객관적으로 알 수 있다. 해외 기사들은 성전환 수술을 선택한 변 하사의 최종 성별인 여성을 인정하고 존중하여 시종일관 'she'라고 지칭했다. 이에 비해 우리 언론은 태어난 성별인 남성으로 지칭했다. <매트릭스> 영화를 만든 감독을 지칭할 때 언론이 보인 모습과는 상당히 다르다.

<매트릭스> 1편이 나올 때 우리 언론은 두 명의 감독을 '워쇼스키 형제'라고 표현했다. 이후 한 명이 성전환을 했을 때 '워쇼스키 남매'라고 지칭했고 나머지 한 명이 성전환을 했을 때 '워쇼스키 자매'라고 지칭했다. 외국인에게는 원하는 대로 성 정체성을 인정하고 존중하면서 왜 자국민은 철저하게 외면하는 것일까? 이런 기사들을 접하며 자라나는 우리 청소년들은 자신들이 성소수자임을 깨닫는 순간 어떤 생각을 하게 될까? 비단 언론만이 아니라 우리 사회가 이중 잣대를 갖고 있기에 우리나라에서는 아직까지 차별금지법이 마련되지 못하고 있는 것이 아닐까.

서로 다른 아이들의 모습을 인정하고 이해하자

서로 다른 아이들의 모습을 인정하지 못하고 고정관념을 은연중에 드러내는 일들이 성 정체성에만 국한되는 것이 아니다. 성격이나 성향에 대한 남성과 여성의 고정관념도 여전히 뿌리 깊게 존재한다.

"나도 너처럼 여성스럽게, 이쁘게, 우아하게 말하고 싶은데 절대 안 돼. 아쉬워."

텔레비전 예능프로그램에서 한 가수가 후배 배우를 보며 한 말이다. 주변에서 흔히 들을 수 있는 말이다. 별 뜻 없이 칭찬으로 한 말이지만, 성별에 대한 고정관념을 재생산하는 발언이어서 많이 아쉬웠다.

나는 태생이 부드러운 말투의 소유자다. 내가 살면서 가장 많이 듣는 말 중 하나가 "여성스럽게 생겼는데 의외네요" 혹은 "외유내강 스타일이네요"라는 말이다. 나는 여성스러움을 타인에게 한 번도 강조한 적이 없는데 첫인상은 언제나 '여성스러운 사람'이었다. 그렇다고 해서 일부러 거칠게 말한다거나 생전 해본 적 없는 욕설을 시도해야겠다고 생각하지는 않는다.

나는 그냥 '나'다. 행동이나 말투가 다소 과격한 여자 친구들 역시 그냥 '그들'이다. 나와는 다른 성격이기에 오히려 함께 있으면 재미있고 즐겁다. 그게 전부다. 누가 누구를 따라해야 할 필요가 있을까? 여성스러움과 남성스러움은 과연 무엇인가? 누가 그것을 정해놓았는가? 매사에 씩씩하고 용감한 '남성'의 이미지 때문에 그렇지 않은 남성들이 남자답지 못하다는 비난을 받곤 한다. 이제는 성 역할에 대한 고착화 시각이 사라지길 바란다. 우리 모두 있는 그대로 인정받고 존중받을 수 있는 소중한 '사람'이다.

O

Love
Yourself

"선생님의 수업을 중고등학교 때 들었으면 스스로를 좀 더 좋아하고 사랑했을 것 같아요."

나의 학기말 수업에서 대학생들이 종종 하는 말이다. 사춘기가 중고등학생에게만 있는 줄 알았는데 요즘 대학생 사이에 '대2병'이라는 단어가 회자되고 있음을 알게 되었다. 아동기에서 벗어나 청소년기에 접어들면서 자신이 어떤 사람인지 치열하게 고민하는 과정을 우리는 보통 '사춘기'라고 부른다. 언제부턴가 우리 사회는 학생에게 학업만 강요하다 보니 자신이 무엇을 좋아하는지, 어떤 사람인지를 제대로 알지 못한 채 청소년기를 지나게 된다. 성적이 좋은 학생일수록 중고등학교 때 사춘기를 겪지 않고 대학교에 진학하여 자신에 대해 처음으로 고민하며 혼란스러워하는 경우가 많다. 이들은 중고등학교를 거치면서 서열과 경쟁 중심의 교육에서 뒤처지지 않고자 늘 노심초사해왔다. 좋은 대학에 진학하려고 밤잠을 설쳐가며 앞도 뒤도 보지 않고 공부했는데 막상 대학교에 진학해보니 졸업 이후 취업도 어려운 상황에 당황스러운 것이다. 이들은 공통적으로 "그동안 나는 무엇을 위해 아무런 생각 없이 기계처럼 공부만 해온 것인가?"를 자문하며 한동안 방황하기도 한다.

자녀가 스스로를 아끼고 사랑하도록 도와주자

내가 대학에서 만난 학생은 대부분 학창 시절에 열등감과 패배감을 깊이 경험했다. 상대평가라는 내신을 통해 끊임없이 타인과 비교하고 자신보다 능력이 뛰어난 친구들을 보며 자책하고 움츠러들었다. 자신이 가진 장점을 발견하고 개발하기보다 자신에게 부족한 점을 인지하고 속상해하는 것이다. 학창 시절 12년 동안 삶에서 성적과 평가만 남아있고 정작 자신은 존재하지 않는 느낌을 가진 것이다.

자신이 한 인간으로서 얼마나 소중한 존재인지를 학창 시절에 단 한 번도 생각해본 적이 없다며 모둠 토론에서 울음을 터트린 학생이 나는 잊히지 않는다. 성적이 최상위권인 그는 늘 부모의 기대에 부응하기 위해 긴장하며 학교생활을 했던 것만 기억이 난다고 했다. 만약 부모가 자녀에게 성적 대신 따뜻한 마음씨나 타인을 배려하는 마음이 참 좋다고 기회가 될 때마다 말해줬다면 어땠을까? 성적에 대한 스트레스가 심한 자녀에게 괜찮다는 말과 "네가 우리에게 소중하니 스트레스받지 말고 할 수 있는 만큼 하면 돼"라고 자주 말해줬다면 어땠을까?

내 수업의 학생들이 방탄소년단의 <Love Yourself>라는 노래 제목이 너무도 마음에 든다고 입을 모아 말한 적이 있다. 이 노래가 왜 좋으냐고 물으니 학생들은 지금껏 살면서 자신을 사랑하라고 말해준 사람이 없었는데 방탄소년단이 그 말을 처음으로 해주었다는 것이다. 그 말을 듣는 순간 마음 한 부분이 아렸다. 우리나라 아이들이 자라면서 학교에서도, 가정에서도 자기 자신을 소중히 여기는 경험을 제대로 해본 적이 없다니 그보다 더 씁쓸할 수가 없었다.

사람은 누구나 스스로를 사랑할 수 있어야 타인도 진심으로 사랑할 수 있다. 언제부턴가 청소년 자살 사건이 언론에 자주 오르내린다. 이유가 천차만별이겠지만 나는 어떤 경우에도 우리 아이들이 목숨을 스스로 저버리는 일은 없기를 진심으로 바란다. 학교교육에서 지식에 매몰되기보다 생명을 중시하는 문화를 초중등 12년 동안 만들어주면 좋겠다. 자신의 생명을 소중히 다룰 수 있는 사회가 되면 좋겠다. 가정에서부터 부모가 자녀에게 스스로를 아끼고 소중하게 생각할 수 있도록 도와주길 소망한다.

자녀를
하숙생처럼
대하자

나   (똑똑) 택배 왔어~

아   응. 문 앞에 둬~

택배뿐만이 아니다. 아이 옷을 빨아서 갠 후 방문 앞에 두기도 한다. 아이가 학교에 가서 집에 없을 때는 침대 위에 갠 빨래를 놓고 나온다. 일일이 서랍이나 옷장에 넣어줄 수도 있지만 아이가 직접 자기 일을 하기 바라는 마음에서다. 아이 방은 아이만의 공간이라고 생각하기에 아이가 없을 때 도착한 택배도 방문 앞에 놓아둔다. 처음에는 이런 나를 보며 남편이 웃었지만, 지금은 함께 우스갯소리로 아이를 '하숙생'이라고 자주 부른다.

청소년이 되고 언제부턴가 아이는 방문을 잠그기 시작했다. 사춘기가 별로 없는 아이여서 방문을 잠그라고는 예상하지 못했다. 우리 부부는 아이의 사생활을 존중하기 위해 아이가 중학생이 되면서 방문을 덜컥 열지 않고 늘 노크를 했다. 그렇기에 아이가 굳이 문을 잠글 필요가 없다고 생각했는데, 그와는 별개로 오롯이 자신만의 시간과 공간이 필요했나 보다. 부모에게 보이고 싶지 않은 것들이 조금씩 생기고 있다고 짐작할 따름이다.

굳게 잠긴 아이의 방문을 처음 보았을 때 아이로부터 왠지 모르게 거부당하는 기분이 들어 썩 유쾌하지 않았다. '지금껏 아이를 충분히 존중하며 대했는데 왜 문을 잠글까'라는 생각이 들면서 잠시 허탈하고 심란하기도 했다.

그런데 시간을 갖고 생각해보니 방문 잠그는 행위가 아이와 나의 관계에 문제가 있다는 의미가 아님을 깨달았다. 누구나 타인에게 보여주고 싶지 않은 면이 있다. 굳이 나쁘거나 특별한 면이 있어서가 아니어도 말이다. 아이도 그럴 수 있겠다고 생각하니 아이의 행동이 점차 이해되기 시작했다. 물론 문이 잠긴 방에서 아이가 하는 여러 행동이 모두 좋다고 생각하지는 않는다. 아이가 당연히 공부나 숙제만 하리라고 생각지도 않는다. 알고 보니 아이는 우리가 모르는 사이에 유튜브로 인기 드라마를 한 회도 놓치지 않고 정주행하기도 했고 영화도 제법 많이 봤다.

아이와 적당한 거리 두기

아이와 함께 영화를 보며 공감대를 갖고 싶은 마음에 보고 싶은 영화가 있으면 같이 보자고 제안한 적이 있는데, 모두가 잠든 새벽에 혼자 조용히 보는 느낌이 좋다고 해서 그 의사를 존중했다. 아이의 세상을 궁금해하고 엿보려고 할수록 아이는 부모의 관심이 부담스러워 달아난다. 머리로 알면서도 마음으로는 잘 안 되는 것이 부모-자식 관계이지 않을까 싶다. 더구나 나는 아이를 있는 그대로 인정하고 존중하고 싶기에 아이를 위해, 나를 위해 현명한 방법을 찾기 위한 고민이 시작됐다.

내가 찾은 해결책은 '아이를 하숙생처럼 대하자'다. 같은 집에 거주하지만 각자의 생활을 침해하지 않고 존중하자는 취지다. 아이가 부모인 우리에게 도움을 요청하거나 상담을 원하면 언제든 우리는 아이와 대화를 한다. 아이가 굳이 우리를 찾지 않는다면 일정한 거리를 두며 각자의 삶을 열심히 살기로 했다. 그렇게 살다 보니 어느 순간부터 나는 아이가 방에서 무엇을 하는지 궁금하지 않다. 서운하다거나 불안할 이유도 없다. 아이가 방문을 열고 거실로 나오면 나와 남편은 반색하며 이런저런 사소한 대화를 나눈다.

엄마인 내가 마음을 달리하니 아이와의 관계도 좋아지고 무엇보다 내 마음이 편해서 좋다. 어디 마음뿐이랴? 몸도 덩달아 편해졌다. 하숙생의 필수 행동은 '자기 방은 스스로 치우기'이지 않은가? 오늘도 나는 아이 방을 제외하고 청소기를 돌린다.

침대에서
음악을 들을 때
공부가 잘되는 아이

시험 기간이 되면 고등학생인 아이는 종종 친구랑 카페에서 공부하고 오겠다는 말을 한다. 지금은 그러려니 하지만 2~3년 전 아이가 처음 이 얘기를 꺼낼 때 나는 놀라면서 의아하기까지 했다. 몇 년 전부터 카페에서 공부하거나 일하는 성인이 점점 늘고 있다는 기사를 읽은 적은 있지만, 중학생 내 아이에게 같은 얘기를 들을 줄은 꿈에도 생각 못 한 것이다. 더구나 나에게 공부란 집에서 조용히 혼자 하는 일이다. 혼자 공부할 때도 음악을 전혀 듣지 않는 나는 사실 카페에서 공부한다는 대학생의 말을 들을 때면 반신반의했다. 음악이 나오는 카페에서 공부가 되겠냐는 질문에 아이는 "집에서도 늘 음악 들으며 공부하는데, 뭘"이라고 말해 할 말을 잃었던 기억이 난다.

그리고 보니 아이가 공부하는 방법은 나와 무척 다르다. 우선 아이는 책상이 있음에도 불구하고 자주 침대에 앉아서 숙제를 한다. 학창 시절부터 들어왔던 '바른 자세, 바른 공부'라는 말 때문인지 나에게 있어서 공부는 책상에 앉아서 하는 것이다. 남편도 오가며 아이 방을 우연히 볼 때면 "왜 집중 안 되게 침대에서 저러고 있을까?"라고 말한다. 처음에는 아이에게 책상에 앉아서 숙제하는 것이 어떻겠느냐고 여러 번 말했는데, 그때마다 대답은 "지금도 숙제 잘하고 있어"였다. 나름 집중해서 잘하고 있다는 말에 더는 할 말이 없어서 그냥 내버려 두기 시작했다.

정해진 공부법 대신 아이의 습관을 존중하자

아이가 이어폰을 꽂고 음악을 들으면서 공부하는 것도 나와는 다른 모습이다. 역시 내 학창 시절에 자주 들었던 말은 "공부는 조용한 곳에서 해야 한다"였다. 니는 방에서 혼자 조용히 공부하는 것을 선호해서 한 번도 가 본 적이 없지만, 학교 끝나면 독서실에 가는 친구들이 당시에 꽤 많았다. 독서실 내부가 어떻게 생겼는지 간혹 궁금했는데 드라마 <응답하라 1988> 덕분에 독서실을 구경할 수 있었다. 나에게 음악이란 머리를 식힐 때 듣는 것인데 아이는 나와 달리 숙제나 공부할 때 음악을 즐겨 들었다. 노래를 흥얼거리면서 공부하게 될 텐데 집중이 되느냐고 물으면 이번에도 아이는 집중이 된다고 말한다.

침대에 앉아서 숙제하거나 음악을 들으며 공부할 때 집중이 잘된다는 아이의 말을 완전히 믿는 것은 아니다. 다만 반드시 의자에 앉아서 공부

3부 • 우리 아이도 존중받으려면

해야 하고, 음악을 듣지 않고 조용해야 공부가 된다는 내 고정관념을 아이에게 그대로 적용하고 싶지 않을 따름이다.

나는 어릴 때 잠들기 전 침대에서 책을 읽는 것을 제외하고는 대부분 책상에 앉아서 책을 읽었다. 부모님이 시킨 것인지 학교에서 배운 것인지 정확하게 기억나지는 않지만, 책 읽는 것은 책상에서 하는 행위라고 생각했던 것은 분명하다. 성인이 되고부터 거실 소파에 앉아 책을 읽기도 하고 침대에 누워 책을 읽기도 했다. 자세와 상관없이 책에 집중할 수 있었다. 이런 생각을 떠올려 보니 아이에게 굳이 잔소리할 이유가 없었다. 음악을 듣더라도 시끄럽지 않고 백색 소음 수준이라면 공부에 방해되지 않을 수 있겠다는 생각이 들었다. 오히려 너무 조용하면 집중이 안 된다는 연구 결과도 있지 않은가.

무엇보다 내가 사용했던 방법이나 사회에서 일반적으로 말하는 방식을 아이에게 그대로 강요하고 싶지 않다. 사람마다 공부하는 방식이 다를 수 있음을 교육학 이론을 배울 때는 생각하면서 막상 내 아이에게 그렇게 적용하지 못하는 이율배반적인 선택을 하고 싶지 않았다.

생각해보니 나에게도 공부와 관련한 사회의 고정관념이 맞지 않은 것이 있다. 나는 공부를 잘하는 편임에도 불구하고 글씨체는 악필이다. 지금은 어떤지 모르겠지만 1980년대만 해도 글씨를 잘 써야 공부를 잘한다는 고정관념이 있었다. 글씨체만 봐도 공부를 잘하는지 못하는지 알 수 있다는 말을 스스럼없이 하던 시절이었다.

이때의 생각을 성인이 되어서도 갖고 있는 내 지인은 십여 년 전 당시 초등학교 1학년이었던 자녀의 글씨가 안 예쁘면 몇 번이고 지워 다시 쓰게 하기도 했다. 자녀에게 공부하는 습관을 길러준다는 명목으로 말이다. 울면서 같은 내용을 반복해서 쓰는 그 집 아이 얼굴이 한동안 아른거렸다. 나는 성격이 급한 편이 아님에도 불구하고 생각을 글로 적을 때는 마음이 급해져서인지 글씨체가 엉망이다. 심지어 내가 쓴 글씨를 내가 읽지 못하는 경우가 있어서 과거 학생들 과제에 손으로 피드백을 제공해야 할 때는 천천히 글을 쓰느라 진땀을 뺐다. 컴퓨터가 개발되고 워드로 문서 작업이 가능해지면서 나는 최대 수혜자가 되었다.

아이가 어렸을 때 글씨체가 썩 좋지 않았다. 나는 아이의 글씨체만큼은 당시에도 크게 개의치 않았다. 아마도 나 자신이 글씨를 잘 쓰지 못했기 때문이었나 보다. 아이는 중학생이 되면서 글씨체가 조금씩 좋아지더니 고등학생인 지금은 상당히 예쁘게 쓴다. 글씨를 예쁘게 쓰는 친구들을 보며 아이도 그렇게 쓰고 싶다고 마음먹으면서 혼자 조금씩 글씨를 연습했다고 한다. 나와는 다른 면을 보며 기특하다는 생각도 했다. 성적이 글씨체만큼 향상된 것은 아니니 이번에도 글씨체와 성적의 상관관계는 없음이 드러난 셈이다.

요즘 아이는 자기 방 침대에서 공부했다가, 서재로 가서 공부했다가, 우리 부부의 침대에서 공부하기도 한다. 한곳에서 진득하게 공부하면 좋으련만 여기저기 옮겨 다니는 아이에게 왜 그러냐고 물어보면 "한곳에서 공부하면 지겹잖아"라고 말한다. 나와는 달라도 너무 다른 아이의 공부방식을 보며 오늘도 나는 인내심을 좀 더 키우고 타인을 이해하는 능력도 좀 더 갖게 되었다. 오히려 아이에게 고마워해야 하는 것일까?

우리 가족은 그림을 즐겨 보는 사람들이 아닌데 최근 들어 고등학생인
아이가 유화를 보고 싶다고 몇 번 말하는 바람에 모처럼 과천시 국립
현대 미술관에 다녀왔다. 마지막이 언제였는지 기억이 안 날 만큼 오랜
만에 방문했다. 19세기 말부터 현재까지 활동하는 작가들의 작품이 시
대별로 전시되어 있어 미술사의 흐름을 읽기가 좋았다.

우리 세 사람의 감상 방식은 저마다 다르다. 나는 작품과 설명하는 글
을 함께 읽어보며 작가가 어떤 생각으로 표현했는지 살펴보는 편이다.
남편은 설명하는 글은 생략하고 작품 위주로 감상한다. 아이는 마음에
드는 작품들만 감상하고 나머지는 쓱쓱 지나간다. 그러다 보니 아이가
원해서 미술관에 왔지만 시간이 지나면서 조금씩 지겨워하는 모습을 보
게 된다.

늘 그렇듯 나는 아이에게 억지로 무언가를 보게 하지 않는다. 많은 작품을 다소 꼼꼼히 보는 나도 시간이 지나면 대부분 기억하지 못한다. 적은 작품이라도 아이가 좋아하고 인상 깊게 본 것들은 아이에게 조금이나마 기억에 남아있으리라 생각한다. 그거면 충분하지 않을까? 꼭 무언가를 머릿속에 넣어야 하는 것이 아니라, 그 순간 보고 느끼고 자신의 생각을 누군가와 나누면 그 자체로 의미가 있다.

언제든 가면 즐거운 곳

문득 영국에 잠시 거주할 때가 생각난다. 당시에는 남편이 토요일 아침에 뜬금없이 그림이 보고 싶다고 말하면 후다닥 준비해서 런던 시내로 그림을 보러 나가곤 했다. 런던에는 세계적으로 유명한 내셔널 갤러리, 테이트 모던 미술관 등이 있어서인지 방학 때마다 한국에서 청소년인 자녀를 데리고 온 부모들을 자주 볼 수 있었다. 재미있는 점은 아이들은 다소 따분하다는 표정으로 그림을 대충 보며 지나가고, 뒤따라가는 부모들은 그런 아이들의 모습이 안타까워 자꾸 불러 세워 천천히 보라고 말하는 것이었다. 어쩌다 그들 가까이 서 있게 되면 대화도 간간이 들린다.

"교과서에 나오는 그림이잖아. 잊지 말고 잘 봐둬."

'교과서'라는 단어에 힘을 주는 부모의 목소리에서 간절함까지 묻어나온다.

나는 재빠르게 그림을 보고 지나치는 아이들도 이해되고 하나라도 더 보고 기억하길 바라는 부모들도 한편으로 이해된다. 그럼에도 불구하고 나는 아이들 편에서 생각하고 이해하는 것이 우선이길 바란다. 예나 지금이나 아이들은 박물관 혹은 미술관 견학을 대체로 싫어한다. 교육으로 그보다 더 좋은 공간이 없을 텐데 왜 아이들로부터 크게 환영받지 못하는 것일까? 아이들을 박물관이나 미술관에 데려가는 이유는 책으로만 익히던 다양한 문화유산과 미술 작품들을 직접 보고 느껴보게끔 하기 위해서다. 그렇다 보니 학교에서 단체로 박물관을 방문할 때면 꼭 봐야 할 목록을 학생들에게 제공하고 찾도록 하는 경우도 많다. 부모가 자녀를 데리고 박물관이나 미술관에 방문할 때도 비슷한 현상이 나타난다. 교과서에 나오거나 입시에 필요하다고 생각되는 부분들을 은연중에 강조하다 보니 아이들은 박물관이나 미술관을 원치 않는 방문으로 인식하여 부담을 갖고 재미없어하는 것이다.

모두가 동일하게 학습하는 교육이 나쁘다는 것은 아니다. 그런데 이런 사고에 매몰되다 보니 아동 중심/학습자 중심이라고 강조하는 아이들의 관심과 흥미는 여전히 뒷전이다. 그래서 교육의 의미가 반감되는 것이 무척 아쉽다. 배운 내용을 모두 기억하는 사람은 아무도 없다. 모두 기억한다고 해서 무조건 삶에 도움이 되는 것도 아니다. 그러니 넓디넓은 박물관이나 미술관에서 학생들이 마음껏 여기저기를 헤집고 돌아다니며, 각자 인상적인 것 한두 개만이라도 메모지에 기록해보고 왜 의미가 있는지 기술해보면 좋겠다는 생각이 든다. 다음에 오면 다른 무언가에 눈길이 갈 수 있을지 모르니 또 오고 싶다는 것으로 마무리한다면 그

것으로 충분히 견학의 목표가 달성된 것이 아닐까?

　미술에 큰 관심이 없던 우리 가족이 영국에서 미술관과 박물관을 마음 내킬 때마다 갈 수 있었던 가장 큰 이유가 무료로 관람할 수 있는 문화 정책 때문이었다. 영국뿐만 아니라 유럽의 여러 국가가 이런 정책을 시행한다고 한다. 모든 박물관이나 미술관이 무료는 아닐 테지만 거주지 주변에 무료로 문화를 즐길 수 있는 곳이 있다면 미술 작품 감상이 낯선 경험이 아닌 일상의 경험이 되지 않을까? 우리 속담에 "구슬이 서 말이어도 꿰어야 보배"라고 하지 않나. 아무리 좋은 교육 공간이더라도 아이들이 좋아하고 자주 찾아야만 의미가 살아 움직인다. 부담 없이 언제든 가면 즐거운 곳. 아이들이나 학생들에게 박물관이나 미술관이 그런 곳이면 좋겠다.

최고가 아닌
최중을 즐길 때

"저는 경쟁을 믿지 않아요.", "최고가 되려고 하지 말고 우리 모두 최중을 하면서 같이 살면 안 될까요?"

2021년 4월 미국 영화제인 아카데미 시상식에서 여우주연상을 받은 배우 윤여정 씨의 수상 소감과 인터뷰 중 가장 인상 깊은 내용들이다. 우리는 경쟁을 당연하게 생각하고 이왕이면 최고가 되길 원한다. 아카데미 시상식도 한 해 동안 상영된 영화들을 위한 축제라는 성격이 있지만, 수상자를 가리는 일종의 경쟁 체제다.

우리나라에도 다양한 영화 시상식이 있고 연말이면 방송국마다 각종 시상식이 쏟아진다. 언제부턴가 국내 시상식은 공동 수상이 남발되고 상을 받지 않는 사람들은 아예 참석하지 않는 관례가 생겼다. 한 영역에 종사하는 사람들의 축제인데 상을 받는 사람들만의 축제로 국한되는 것을

최고가 각광받을수록 승자와 패자 둘로 나뉘어
승자에게만 영광이 쏟아지는 경험을
우리는 삶에서 숱하게 보고 있다.

'최중'이라는 단어가 반가웠던 이유는
교육학자이면서 부모로서 내가 지향하고
실천하는 사람 중심, 배움 중심의 관점과
맞닿아 있기 때문이다.

보면 씁쓸해진다.

지금껏 살면서 '최고'라는 단어에 익숙한 나는 '최중'을 들었을 때 무척 놀라면서도 반가웠다. 놀란 이유는 매사에 경쟁하며 최고가 되기를 요구하는 현대 사회에서 수상자가 공식 인터뷰에서 최고 대신 '최중'을 좋아한다고 스스럼없이 말했기 때문이다. "잘 차려진 밥상에 숟가락 하나 얹은 것밖에 없다", "고생한 스탭들에게 이 영광을 돌린다" 등과 같은 겸손한 수상 소감은 많았지만 경쟁의 문제점을 언급한 경우는 처음이어서 신선했고 의미 있었다.

우리는 흔히 아이들이 무언가를 시작할 때 중간만 해도 잘하는 것이라는 말로 격려한다. 그러다 아이가 점점 소질을 보이고 능력을 발휘하면 얼마나 즐기고 있는지를 살펴보는 대신, 해당 분야에서 1등이 되기를 기대하며 다그친다. 이왕 시작했으니 열심히 노력해서 최고가 되면 좋지 않느냐는 말과 함께 말이다. 최고가 되려면 타인들은 어떤 실력인지 끊임없이 파악해야 한다.

자신보다 뛰어날까 봐 노심초사하며 행여 뛰어남을 알게 되는 순간부터 걱정이 시작된다. 아무리 노력해도 타인보다 앞설 수 없음을 깨닫는 순간 좌절은 물론이고 인생의 낙오자가 된 듯한 느낌을 갖는다. 애초에 가졌던 관심, 흥미, 열정 등이 사라지는 것은 당연하다. 최고가 각광받을수록 승자와 패자 둘로 나뉘어 승자에게만 영광이 쏟아지는 경험을 우리는 삶에서 숱하게 보고 있다.

결과보다 과정을 격려하고 응원해준다면

'최중'이라는 단어가 반가웠던 이유는 교육학자이면서 부모로서 내가 지향하고 실천하는 사람 중심, 배움 중심의 관점과 맞닿아 있기 때문이다. 나는 아이에게 타인과의 경쟁에서 이겨 최고가 되라고 말해본 적이 없다. "결과보다 과정이 중요하다"라는 말을 아이에게 자주하는데, 당위적으로 하는 것이 아니라 솔직한 내 진심이다.

부모인 내가 결과보다 과정이 중요함을 인정한다면 아이에게 최고가 되라고 채근할 필요가 없다. 예나 지금이나 나는 아이가 무언가에 관심을 갖고 시도하면 조용히 지켜보는 편이다. 여느 아이들처럼 내 아이도 관심사나 흥미가 진득하기보다 수시로 달라진다. 이를 알게 되면서부터 아이의 관심에 일희일비하지 않는다. 나는 아이가 무엇을 하든 좋아하고 즐기는 마음이 지속되기를 바란다.

아이는 춤추는 것을 좋아해서 교내 댄스 동아리에 가입했다. 나는 아이가 동아리에서 최고로 춤을 잘 추는 것보다 팀원들과 조화를 이루어 멋진 춤을 만들어내기를 원한다. 동아리 활동을 지속하면서 춤추는 실력이 일취월장하기보다 춤을 좋아하는 열정을 간직하며 즐기기를 바란다.

사람이 언제나 좋아하는 일만 할 수 없음을 나도 안다. 세상을 살면서 관심사를 자주 바꾸다 보면 제대로 할 수 있는 일이 하나도 없을 수 있다. 관심사가 자주 변하면서 진득하게 무언가를 열심히 할 수 없을지도 모른다. 이 모든 것들조차 괜찮다고 말하는 것은 아니다. 나도 아이에게 때로는 힘들어도 해야 하는 일이 있고, 괴로움을 참고 해내야 하는 일도 있다고 말한다. 경쟁이 무조건 나쁜 것이 아니라 선의의 경쟁이라는 좋은 취지도 있다고 말해준다. 이런 말을 할 때면 항상 빠뜨리지 않고 해주는 말이 있다.

"엄마는 경쟁 속에 너를 밀어 넣고 싶은 마음이 전혀 없어. 굳이 경쟁하고 싶다면 네 자신과 하렴. 어제의 너보다 좀 더 나은 사람이 되면 좋겠어. 반드시 성적일 필요는 없어. 네가 무언가를 배울 때 배움 자체에 집중하면 그것으로 충분해."

이 말 덕분인지 몰라도 아이는 자라면서 성적에 대한 집착에서 조금씩 초연해질 수 있었다. 점수와 서열로 사람을 평가하는 우리 사회에서 최고가 아니어서 주눅 들거나 패배감을 가지기보다 중간 정도의 실력을 갖고 당당하고자 노력하는 아이가 자랑스럽다. 그 모습을 끝까지 응원해주고 싶다.

다른 아이가 행복해야
내 아이도 행복하다

소위 말하는 학군 좋다는 곳에 사람이 몰린다. 유명 대학이나 의대를 많이 보내는 고등학교에 앞다투어 자녀를 보낸다. 그런 곳에서 엄청난 사교육은 필수다. 그렇다 보니 상위권 학생들이 몰리는 것은 어쩌면 당연하다. 99점을 받아도 2등급이고 96점을 받으면 4등급이 된다며 학생과 학부모의 불만이 하늘을 찌른다. 고1이 되면서 매일 세 시간씩만 자는 아이를 보며 부모들은 안쓰럽다고도 한다. 지인들의 이런 얘기를 들을수록 나는 고구마를 백 개쯤 먹은 기분이 들고 머리가 아득해진다.

자녀를 유명 대학이나 의대에 보내고 싶지 않은 부모는 없을 것이다. 어느 집이든 자녀가 알아서 사교육 없이 혼자 공부를 잘해 상위권 대학이나 의대를 간다면 응원과 격려를 아끼지 않을 것이다. 그런데 초등학교 입학과 동시에 시종일관 사교육을 받으며 부모의 강요 아닌 강요로 공부만 해서 서울대나 의대를 진학하는 경우를 보면 씁쓸함이 감춰지지 않는다.

24시간 중 먹고 자는 시간 이외에는 당연히 공부해야 한다고 생각하는 부모는 아이들을 안쓰럽게 여기면서도 왜 중단하지 않을까? 시험에서 한 개만 틀려도 1등급이 안 된다고 노심초사한다면 군이 교육열이 치열한 학군이나 학교에 자녀를 보낼 필요가 있을까? 물론 분위기라는 것이 있기에 꼴찌라도 공부 잘하는 아이 옆에 있으면 공부를 하게 될 테니, 공부를 많이 시키는 학교에 보낸다는 부모들을 이해 못 하는 바가 아니다. 다만 현재 우리 교육에서는 성적이 좋은 아이도, 성적이 안 좋은 아이도 모두 학교만 가면 긴장하고 극도의 스트레스를 받는다. 내 지인만 봐도 특정 자사고가 있는 지역을 제외하면 서울이 아닌 곳으로 이사 가는 것을 꿈에도 생각해본 적이 없다. 배우자가 지방으로 발령이 나거나 회사를 옮기면 '당연히' 주말 부부를 선택한다. 이유도 확고하다. 아이들 공부 때문이다.

내가 생각하는 아이의 행복

누가 누구를 탓할 문제가 아니다. 끝없는 딜레마에 스스로 들어가고 있다는 생각을 지울 수 없다. 쉴 새 없이 공부만 하는 학교를 찾아 자녀를 보내고 경쟁이 치열한 곳에서 점수를 잘 받아도 좋은 등급이 나오지 않아 괴로워한다. 만점에서 1점이라도 깎이지 않기 위해 학원과 학교를 오가며 잠도 제대로 못 자는 아이를 다그치고 또 다그친다. 한편으로 안쓰러운 마음이 들다 보니 그 모든 불만의 불똥이 사회와 교육부로 튄다. 자신들은 '시대의 희생양'이라며 말이다.

모든 곳이 이렇게 치열한 교육 문화로 이뤄진 것은 아니라고 말할 수 있다. 실제로 페이스북 친구인 한 분은 전라북도에서는 경쟁보다 배움 중심 교육이 조금씩 자리를 잡고 있다는 소식을 종종 전해주신다. 강원도에서 교사를 하고 있는 분도 내 페이스북 글에 댓글로 요즘 강원도 중고등학생들이 예전보다 주체적이라고 자랑해주시기도 한다. 가장 반갑고 듣기 좋은 소식들이다.

안타까운 점은 이런 현상이 전국 곳곳에 존재하지만 여전히 소수에 머물러 있어서 사회적 영향력이 미미하다는 부분이다. 지방에서 고등학교를 다닌 제자들의 얘기를 들어보면 수도권 못지않은 긴장과 스트레스를 경험했다. 언젠가 한 제자로부터 "고등학생이 되고부터 활짝 웃어본 적이 별로 없었어요"라는 말을 들으며 마음 한구석이 아렸다.

어디서부터 무엇을, 어떻게 바꾸어야 할지 모르겠다. 지인들과 대화를 나눌수록 속수무책임을 깨닫는다. 내 아이는 경쟁과 서열에서 그나마 자유롭게 해주며 주체적으로 키우고 있지만, 나는 내 아이만 생각하고 싶지 않다. 평범한 능력을 가진 아이는 학원에 다녀본 적 없고 과외를 해본 적이 없으니 성적이 높지 않은 게 지극히 자연스럽다. 아이가 초등학교에 다닐 때 내심 내 아이니까 어느 정도는 잘해주리라 생각했는데 그렇지 않음을 알고 처음엔 당황하기도 했다. 하지만 곧 내 소신대로 아이의 행복을 가장 우선시하자는 마음을 지속적으로 다졌다. 지금도 아이

내가 생각하는 아이의 행복은 적어도
학창 시절 동안 성적에 찌들지 않고
일상에서 환하게 웃는 일이 많아지는 것이다.

평일 저녁이나 주말에 남편과 아이가 나란히 앉아
게임을 하며 희희낙락하는 소리가 나는 참 듣기 좋다.
아이가 거실에 나와 좋아하는 음악을
핸드폰으로 크게 틀어놓으며
우리와 함께 음악을 듣는 순간도 참 좋다.

를 있는 그대로 지켜보고 존중하며 인정하고 있다.

내가 생각하는 아이의 행복은 적어도 학창 시절 동안 성적에 찌들지 않고 일상에서 환하게 웃는 일이 많아지는 것이다. 평일 저녁이나 주말에 남편과 아이가 나란히 앉아 게임을 하며 희희낙락하는 소리가 나는 참 듣기 좋다. 아이가 거실에 나와 좋아하는 음악을 핸드폰으로 크게 틀어놓으며 우리와 함께 음악을 듣는 순간도 참 좋다. 날씨 좋은 주말에 집 근처를 산책하며 아이와 수다를 떨고 음식점에 가서 식사하다 보면 오후가 훌쩍 지나가지만 나는 시간이 아깝다고 생각해본 적이 없다. 아이와 함께 하는 순간순간이 나에게는 의미가 있고 우리 모두에게 가장 행복한 시간이다. 아이가 크면서 나와 남편에게 마음 편히 속내를 털어놓으며 진지한 대화를 할 때면 고맙기도 하고 대견하기도 하다. 우리 부부만 이렇게 느끼는 것이 아니다. 아이도 성장하면서 다른 친구들과 달리 부모와 많이 대화하며 웃을 수 있다며 고마워한다.

아이의 얼굴에 미소를 찾아주자

내가 교육학을 공부하는 이유는 내 아이만 주체적으로 잘 키워보고 싶어서가 아니다. 부족한 내 능력이나마 학생들에게 도움이 되어 경쟁과 서열 중심의 교육으로부터 우리 스스로 벗어나고자 노력하길 바라는 마음에서다. 가까운 지인들과의 대화를 시도하여 그들이 조금이나마 생각을 달리하기를 바라는 마음이 크다. 수업에서 나의 실천들은 감사하게도 학생들에게 공감받는 편이다. 학생들은 자신이 보낸 학창 시절을 떠올리며 고개를 절레절레 흔든다. 미래 세대에는 그런 미친 짓을 대물림해주고 싶지 않다며 치를 떨기도 한다. 하지만 그들이 결혼해서 자녀를 키울 때에도 지금과 같을지는 사실 의문이다. 지금의 부모도 과거에는 그렇게 생각한 사람들이 많았을 테니 말이다. 내가 만난 학생들만이라도 흔들리지 않길 진심으로 바란다.

부모인 지인들과의 대화에서 내 의견은 대부분 공감받지 못하고 비현실적이라는 핀잔을 듣는다. "비현실적인 말 그만 하고 당신만 그렇게 소신을 지키며 자녀를 키우세요." 직접 말하지 않아도 표정에서 그 말이 쉽게 읽힌다. 이구동성으로 "지금은 웃음과 대화 대신 공부만 하라는 부모가 싫겠지만, 나중에 좋은 대학에 가면 분명히 고마워할 거예요"라고 말한다. 그럴 때면 나는 자괴감이 들고 서글퍼지기도 한다. 내가 연구하고 공유하는 '배움 중심 교육'은 과연 허상인가 싶을 정도로 말이다. 철벽처럼 단단한 세상에서 쓸데없이 나 혼자 이런저런 시도를 해서 받지 않아도 될 상처를 받고 있는 것인가 싶기도 하다.

요즘 나는 길을 걸을 때면 초등학교 저학년 아이들이 유난히 눈에 들어온다. 특히 하굣길에 친구들과 장난치고 깔깔대며 웃는 아이들의 얼굴을 볼 때면 얼마나 이쁘고 귀여운지 모른다. 그러다 교복을 입은 고등학생들이 무거운 가방을 메고 터덜터덜 걸어가는 모습을 보면 마음이 무거워진다. 어릴 때는 해맑게 웃던 아이들이었을 텐데 왜 지금 그들의 얼굴에서 웃음을 찾기가 어려울까? 고등학생의 얼굴이 찌든 것이 당연한 사회는 건강하지 못하다. 입시 스트레스를 누구나 당연히 겪는 것으

로 생각하는 부모도 건강하지 못하다. 내 아이의 얼굴에서 웃음과 행복
이 있는지 찾아보는 부모가 많아지길 바란다.

　성적보다 내 아이의 존재 자체가 중요하다. 경쟁 중심 사회에서 내 아
이만 행복해지는 것은 어렵다. 다른 아이들도 함께 행복해야 내 아이도
행복할 수 있다. 내 아이만 경쟁에서 우위를 차지하도록 몰지 말고 친구
들과 함께 웃으며 행복한 삶을 살도록 노력하는 부모가 많아지길 오늘
도 소망한다.

어제와 다른
오늘의 아이를
응원해주자

'Learning is being a different person.'

대학 수업에서 학생들에게 늘 소개하는 문구다. 내가 만든 말은 아니고, 삶의 모든 것이 배움임을 강조하는 상황 학습Situated Learning을 주장하는 저자들의 말이다. 언뜻 보면 다른 사람이 되라는 뜻으로 오해할 수 있는데, 이 말의 의미는 우리가 일상생활에서 매 순간 무언가를 배우고 생각하며 느끼면서 이전의 모습과는 달라진다는 뜻이다. 즉, 어제와 다른 오늘의 '나', 1년 전과는 다른 현재의 '나'일 수도 있다는 의미다. 사람마다 차이가 있겠지만 결혼 전 '나'와 결혼 후 '나'가 다를 것이고, 부모가 되기 이전 '나'와 부모가 된 이후 '나'가 다를 것이다. 사람은 누구나 태어나 성장하는 과정에서 다양한 사람들과 관계 맺기를 하며 끊임없이 변화하는 '나'를 만나게 된다.

자녀를 바라보는 부모의 시선도 자녀의 능력이 아닌 자녀의 정체성이면 좋겠다. 아이가 신생아일 때 부모는 아이가 보여주는 사소하고 새로운 변화들에 환호성을 지르며 기뻐한다. 아이가 어쩌다 부모와 눈을 마주치며 미소를 보이면 뛸 듯 기뻐한다. 아이에게 잘했다는 응원의 말을 반복하며 또 웃어보라고 격려한다. 설령 아이가 다시 웃지 않아도 부모는 아이에게 실망하거나 속상해하지 않는다. 지금 이 순간 아이가 잠시 웃었다는 것만으로도 부모는 충분히 기분이 좋고 행복하기 때문이다. 아이가 처음 옹알이할 때도, 처음 걷기 시작할 때도, 처음 자기 손으로 옷을 입고 신발을 신을 때도 부모는 그 자체로 아이를 칭찬하며 다음에 또 할 수 있도록 용기를 북돋워 준다. 아이가 걷다 넘어지면 부드러운 말로 괜찮다고 말해주고 옷을 엉성하게 입어도 화를 내기보다 잘했다고 칭찬하며 다시 제대로 입혀준다.

그런데 아이에게 오롯이 집중하며 새로운 모습을 보여줄 때마다 환호하던 부모도 자신의 아이와 다른 아이를 비교하기 시작하면서 아이를 있는 그대로 바라보지 못한다. 분명 이전과 다른 현재의 모습인데, 온전히 받아들이고 칭찬하지 못하는 것이다.

아이마다 걸음을 시작하는 시기가 다른데 주변 또래 아이들이 걷기 시작하면 내 아이도 당연히 걸어야 한다고 생각하는 부모들이 있다. 아이가 어렵사리 한 발 뗐을 때 기뻐하기보다 '드디어 내 아이도 걷는구나'라며 불안을 더는 것이다. 이제 한 발 뗐으니 잘 걷기를 바라는 마음에 아이에게 걸음마를 강요할 수도 있다. 이것이 걸음마에만 해당된다면 그나마 다행이다. 이 작은 비교가 아이의 모든 것으로 확산된다는 점이 문제다. 아이마다 생김새가 다르고 성격이 다르듯 말을 시작하는 시기도 다르고 학교에서 지식을 습득하는 능력도 다르다. 다름을 온전히 이해하고 아이를 바라보면 아이가 무엇을 하든 그 자체로 의미 있고, 있는 그대로 아이를 이해할 수 있다.

이전과 다른 모습을 격려해주기

'이전과 다른 아이의 모습'이라고 해서 큰 변화만 가리키는 것은 아니다. 사소하다고 생각되는 작은 변화도 모두 이전과 다른 아이의 모습이다. 예를 들어, 내성적이고 남들 앞에서 말하는 것에 스트레스를 받는 아이 때문에 걱정이라면, 아이에게 적극적으로 말하라고 강요하기보다 친구들과 어울리는 모습을 칭찬해주는 건 어떨까? 시간을 갖고 아이를 찬찬히 지켜보면서 친구들과 놀 때 하고 싶은 이야기나 친구와 다른 의견이 있다면 말해도 된다고 알려주는 것이다. 동시에 채근하지 않도록 조심해야 한다. 어느 날 아이가 용기 내어 친구들에게 한마디 하는 것을 보았다면 집에 와서 참 잘했다고 마음껏 칭찬과 격려를 해주면 된다. 그렇다고 앞으로도 아이가 늘 그렇게 할 거라고 기대하는 것은 아이에게 도움이 되지 않는다. 용기를 내어 한 번 시도한 것에 부모가 너무 많은 기대를 갖게 되면 아이는 오히려 부담이 되어 다른 일에는 용기를 내지 않을 수 있기 때문이다.

학습능력에서도 마찬가지다. 아이가 매번 잘하거나 좋은 성적을 받는 것은 쉬운 일이 아니다. 성적이 떨어졌을 때 어떤 이유로 성적이 떨어졌는지 아이가 스스로 생각하고 원인을 찾는다면 그 자체가 이전과 다른 모습이고 하나의 배움이다. 성적과 무관하게 아이가 특정 교과나 주제에 관심을 가진다면 그 또한 이전과 다른 모습으로서 의미가 있다. 예를 들어 사회 교과가 갑자기 재미있어져서 많은 시간을 들여 공부하다 보니, 국어 공부를 많이 하지 못해 성적이 떨어졌다고 하자. 이 경우 부모는 떨어진 국어 성적을 탓하며 왜 사회 과목에 시간을 많이 쏟았냐고 아이를 나무랄 수 있다. 그런데 아이 입장에서 생각해보면 억울한 일이다. 평소 사회 과목에 별 관심이 없다가 모처럼 재미있는 부분이 있어서 관심을 갖고 많은 시간을 할애하며 공부한 것인데 억울하지 않을까? 아이의 적성과 능력을 발견하도록 도와주겠다는 말을 당위적으로만 하지 말고 이전과 다른 모습을 보이는 아이들을 있는 그대로 존중하고 인정하는 노력을 하는 부모가 많아지길 바란다.

성인인 대학생들이 내 수업에서 그동안 지고 있던 학업에 대한 부담감과 긴장감을 비로소 내려놓는 순간이 있다. 바로 어제와 다른 오늘 '나'의 모습을 배움으로 생각할 때다. 학생들은 성적만을 학습으로 생각해왔던 지난 시기들을 되돌아보면서, 이제는 굳이 그럴 필요가 없음을 깨닫고 마음의 안정을 찾았다고 말한다. 또 학생들은 학교 수업만이 아니라 일상생활에서도 관심사가 생기면 시간을 들여 더 찾아보고, 친구들과 고민을 나누며 대화했더라면 훨씬 더 '나다운 나'로 성장했을 것이라고 말한다.

"나중에 부모가 되면 무엇이 되었든 이전과 다른 모습을 보이는 아이를 진심으로 칭찬하고 격려하고 싶어요. 제가 지금 이렇게 마음이 편해졌듯이 제 아이에게도 편안한 마음을 갖게 해주고 싶어요."

이전과 다른 아이의 크고 작은 모습들에 시선을 맞춘 부모들이 많아진다면 우리 아이들은 배움의 즐거움을 만끽할 수 있으리라 믿어 의심치 않는다.

세상을 살아가는 한 시민으로
자녀를 바라볼 때

'교육학 박사'라는 어쩔 수 없는 내 정체성 때문인지 아이를 낳고 키우는 세월 동안 "아이를 어떻게 키우세요?"라는 질문을 학생과 지인들로부터 자주 받았다. 특별할 게 없는 교육관이지만 때로는 시간을 깊고 차분히 내 경험을 공유하기도 했고, 때로는 짤막하게 질문에 답하기도 했다. 어느 쪽이든 시공간의 제약이 존재하므로 나는 늘 제대로 말하지 못한 아쉬움이 남았는데, 이 책을 통해 생각을 차근차근 풀어낼 수 있게 되어 다행이다.

원고를 마무리하면서 한 가지 생각이 오래도록 머릿속을 맴돌았다. 이 책을 읽은 후 독자들이 '작가 혼자만 좋은 교육방식이 아닐까? 자녀도 성장하면서 작가와 같은 생각이었을까? 자녀는 입시 위주의 교육을 원하지 않았을까?' 등의 질문을 가질지도 모른다고 생각했다. 나를 잘 아는 지인들도 아이가 크면 사교육을 시키지 않았다고 내 교육관을 싫어할 수 있다는 말을 농담 반 진담 반으로 할 때가 많았다. 어느새 훌쩍 자라 고등학생이 된 아이가 내 교육관에 큰 불만이 없다는 것은 대충 알지만 솔직한 생각이 궁금하기도 했다. 그래서 아이에게 엄마의 교육 방식에 대해 짧게나마 글로 써줄 수 있는지 물었다. 아이는 오글거린다면서도 평소 말로 하지 못한 마음을 담은 글을 써주었다.

엄마는 내 일에 있어서 항상 내 의사를 중요하게 여기며, 정해진 선을 넘지 않고 지혜로움과 현명함을 가르쳐주는 사람이다. 무섭게 혼내기보다 사랑으로 보듬어줄 줄 아는 사람이며, 동시에 나에겐 소중한 친구 같은 존재다. 어릴 때부터 꾸준하게 받아온 따뜻한 사랑과 관심 덕분에 내가 이렇게 잘 자라고 성장할 수 있었다. 성적에 신경 쓰지 않고 학원에 보내지 않는 엄마가 고맙다. 좋은 성적이 아니어도 스스로 노력하는 것을 가장 좋아하는 엄마 덕분에 당당하게 학교생활을 할 수 있다. 대학에 꼭 가야 하는 것이 아니라는 말을 진심으로 해준 엄마 덕분에 나는 마음의 부담이 친구들보다 훨씬 적었다. 우리나라 고등학생 중에 나만큼 부모님에게 스트레스 안 받고 공부하는 사람이 있을까?

내 교육관이 정답이라고 생각하지 않는다. 남들에게 요란을 떨어가며 나처럼 아이를 키우라고 강요할 마음도 없다. 단지, 나는 아이를 나만의 아이라고 생각하기보다 이 세상을 살아가는 한 시민으로 바라보고자 노

223

력한다. 아이가 커서 혼자 잘 먹고 잘사는 것보다 타인과 더불어 살아가갈 줄 알고, 세상을 비판적으로 살펴보고, 자신의 삶을 주체적으로 살아가길 원한다. 이 책이 아이를 양육하는 데 초점을 둔 육아 서적이 아니고, 좋은 부모가 되기 위한 다양한 지침을 제공하는 부모교육서도 아닌 이유가 여기에 있다.

부모와 자녀 모두 주체적 인간으로서 가정이라는 실천 공동체를 소중하게 여기는 게 중요하다. 자녀와 건강한 관계를 맺으며 시민으로 함께 성장하길 바라는 부모에게 이 책이 도움이 되면 좋겠다. 자녀를 낳을지를 고민하는 부모, 자녀에게 미안한 마음 때문에 자꾸 움츠러드는 부모, 공부하라고 다그치면서 한편으로 마음 아파하는 부모, 아이를 행복하게 해주고 싶은데 방법을 모르는 부모, 배움 중심 교육과 세상으로 자녀를 안내하고 싶은 부모. 세상 모든 부모에게 이 책을 바친다.

함께 걸어가요, 우리!